伝統野菜の「いのち」を未来へつなぐために

LIFE  SEED

野菜の種はこうして採ろう

Funakoshi Tatsuaki

船越 建明

創森社

自家採種の技術を次代へ〜序に代えて〜

最近、伝統野菜や地方野菜の復活の動きが各地で見られるようになった。この原因はいくつか考えられるが、まず消費者の立場から二〜三あげてみてみよう。

スーパーなどで売っている野菜の品種がどこでも同じで、地域による特徴が見られない。

最近の品種は、昔栽培されていた品種に比べて味や栄養価の点で劣るような気がする。

昔、栽培されていた品種は形や色に特徴があり、味や香り、栄養価などでも魅力がある。

商品に魅力があれば、売り場が多少遠くても車などで行けばほとんど苦にならない。

一方、生産者の立場からは、形や大きさが多少不ぞろいで生産量が少なくても、ファーマーズマーケットや小規模の青空市、さらに宅配などでの直売が可能である。

青果だけでなく、その品種に適した加工法を開発すれば加工品でも売ることができる。

伝統野菜の場合、自分で種《たね》を採れば種屋さんで毎年種を買う必要がない。

＊

このように伝統野菜、地方野菜の復活には追い風の状況にあるといえるが、これらの野菜が次代へ着実に受け継がれていくためには、いくつかの問題点もある。

その一つが自家採種技術の普及問題である。

現在、伝統野菜の復活に力を入れているのは地方自治体が主で、ほかには有機農業グループなど一部の生産者団体、市民団体などであり、種採りのプロである種屋さんの関与度はと

くに伝統野菜の維持にこだわりを持っている店以外は残念ながら低い。

野菜の採種に関する文献もいくつか出版されているが、いずれも大規模採種を前提として書かれており、本音をいえば家庭菜園や市民農園なども含めた「小規模下での種採り」の参考資料にはなりにくい。

筆者は数年間、広島県農業ジーンバンク（遺伝子銀行）で種子《しゅし》の収集、増殖、特性調査、保存、および配布などの仕事にたずさわってきたが、種屋さんからの購入種子に比べて有機農業生産者などからの収集種子には交雑《こうざつ》によると思われる混種が非常に多いことを確認している。交雑種や異品種の混入がないように、ぜひとも自家採種技術を高めていただきたい。

＊

かつて全国津々浦々に数多くあった野菜の地方品種。もちろん、それぞれ姿、形が違うのだが、それにもまして味が違う。すべて風土の所産であって、いわば地域の生きた文化財である。これらをなんとか持ちこたえさせ、受け継いでいかなければならない。

伝統野菜、地方野菜の復活のためには、なによりも生産者自身が小規模下でも交雑の少ない採種技術を身につけて実践し、純粋な種子を次の世代に引き継ぐことが必要である。もちろん、地域で家庭菜園、市民農園などを手がけている方々にも伝統野菜、地方野菜の醍醐味《だいごみ》を知っていただき、採種に積極的に挑戦してほしい。本書が、これらの方々のための一助となればこれに過ぎる喜びはないと思っている。

二〇〇八年二月

船越建明

野菜の種はこうして採ろう――もくじ

総苞入りのゴボウの種

トウガンの開花（兵庫県姫路市）

採種関連の主な用語解説

＊自家採種・自家増殖を主とする野菜園芸専門用語については、本文初出にカッコ書きで解説しています。また、読み方が難しいと思われる野菜園芸用語についても主として本文初出でふり仮名をつけています。ここでは、あらかじめ採種関連の主な用語をピックアップして順不同に紹介します。

●**在来種**　ある地方で古くから栽培され、風土に適応してきた系統、品種。その地域ではよくても他の地方では育ちにくい品種もある。すべて固定種と考えてよい。品種特有の個性的な風味を持つ

●**固定種**　何世代もかけて選抜、淘汰されてきて遺伝的に安定した品種。在来種と同様に生育時期や形、大きさがそろわないこともある

●**F_1交配種**　異なる性質の種をかけ合わせてつくった雑種１代目。高収量で耐病性が強く、大きさも均一で大量生産、大量輸送に向いた性質を持つ。雑種第２代はかけ合わせた種のそれぞれの性質が一定せずに現れるため、１代目と同じ特徴を持った作物には育ちにくい

●**自然交雑**　自然の中で遺伝子型の異なる系統、異品種、異種、異属間などで行われる交配をいう

●**人工交配（人工授粉）**　雄しべの花粉を雌しべの柱頭に軽くなすりつけ、人為的に授粉を行うこと

●**自家受粉**　ある花の雌しべに同じ花の花粉、または同じ株の別の花の花粉がつくこと（他家受粉は、ある花の雌しべに別の株の花粉がつくこと）

●**自家不和合性（自家不稔性）**　雌しべ、雄しべが健全でありながら自家受粉では受精できない性質のこと

●**両性花**　一つの花に雄しべと雌しべの両方を持つもので完全花ともいう（単性花は一つの花に雄しべと雌しべがそろっていないもので不完全花ともいう）

●**母本選抜**　品種改良や採種のため、その品種の特性を示す株を親株として選び出すこと

LIFE SEED GRAFFITI

種採りの世界

撮影協力＝広島県農業ジーンバンク
ひょうごの在来種保存会
（山根成人）

かつて栽培が盛んだったちりめん系統の日本カボチャ。白い粉がふいており、煮物用に適している

カボチャの種を採る

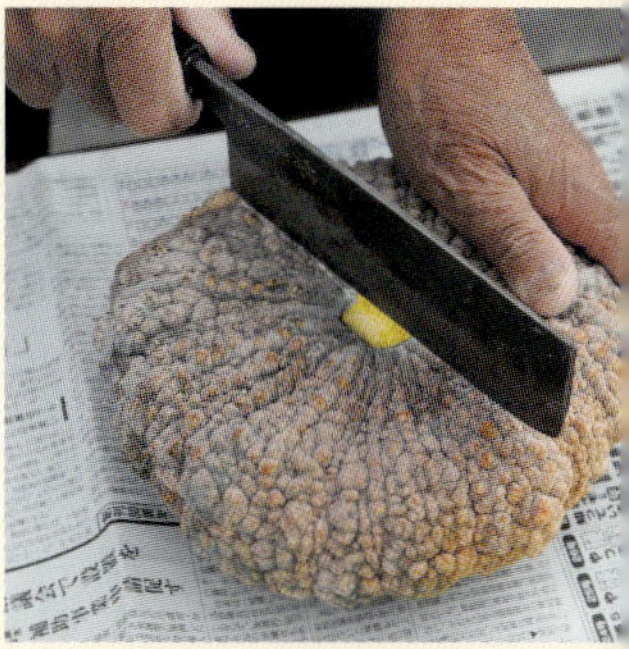

❶へたを落とした後、包丁でまっぷたつに割る

❷中から種を取り出す（スプーンを使ってかき出してもよい）

❸種には胎座（薄い粘膜状）が付着しているので、手でもみながら洗い落とす

❹ボールの水を抜く。なお、一般にカボチャの種は充実したものでも水に浮く

❺ボールの底に広げ、まず、天日に当てて全体を乾燥させる

❻さらに風通しのよい所で数日間から１週間、日中に陰干しをする

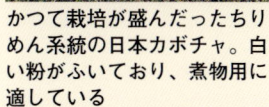

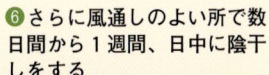

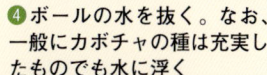

トマトの種を採る

❶完熟した果実を収穫し、追熟させてやわらかくなったところを切り開き、種をしぼり出す

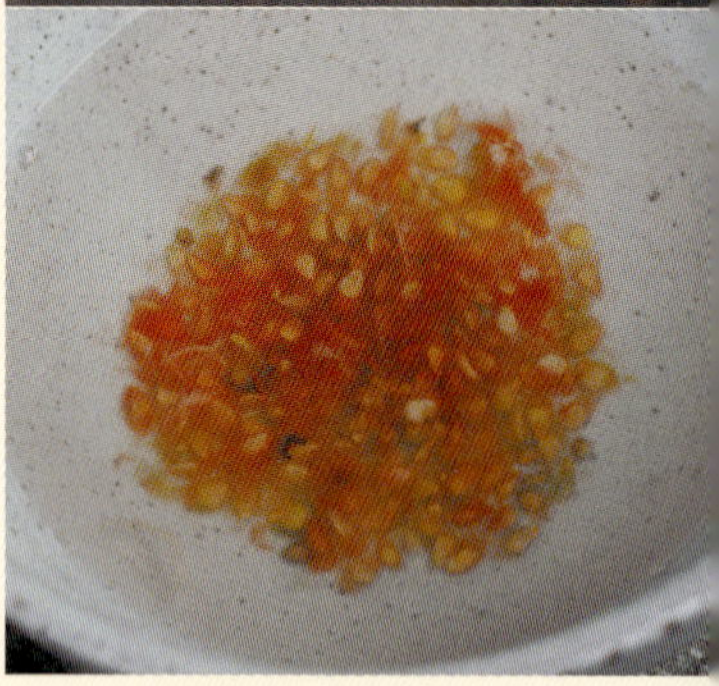

❷2～3日、ビニール袋に入れて発酵を促し、種子の付着物をやわらかくしておく

❸金ざるに種を入れ、ぬめりが取れるまで水を流しながらこすり洗いをする

❹きれいになった種を金ざるの底に広げ、天日に当てて全体を乾かし、さらに2～3日、日中、陰干しをする

ナスの種を採る

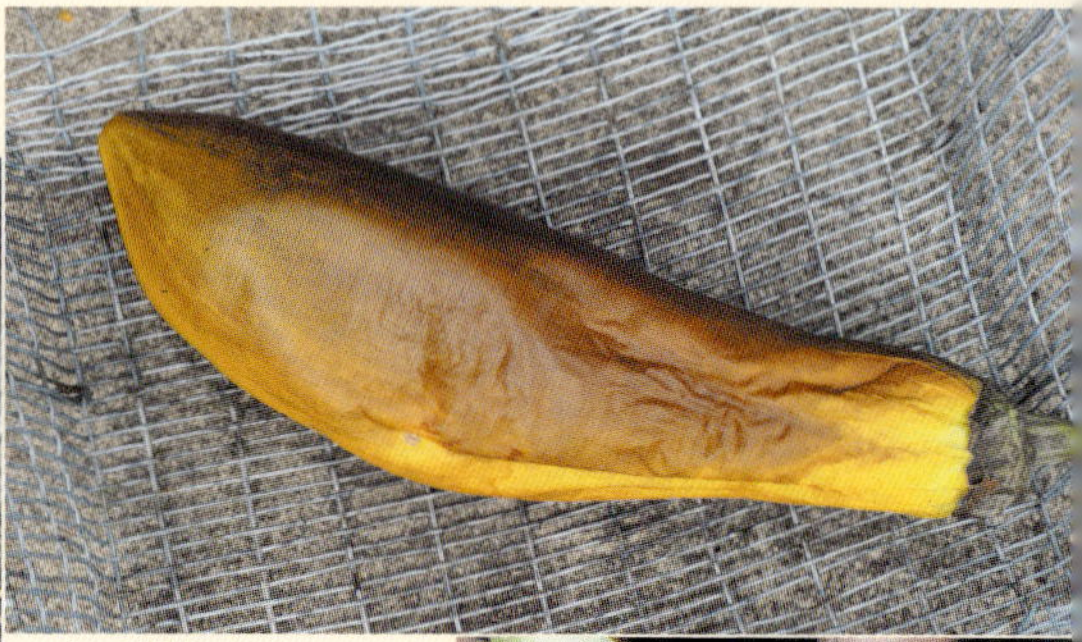

皮が褐色になるまで枝につけておいた果実を収穫し、果肉がやわらかくなるまで追熟させる

❶へたを切り落とし、皮をはいで種を水をはったボールにもみ出すように取り出す

❷沈んだ種をよく水洗いし、付着した果肉を落としてきれいにする

❸天日に当てて全体を乾かし、さらに2～3日、日中に陰干しをする

種のあるところ（例）

ゴマの莢と種

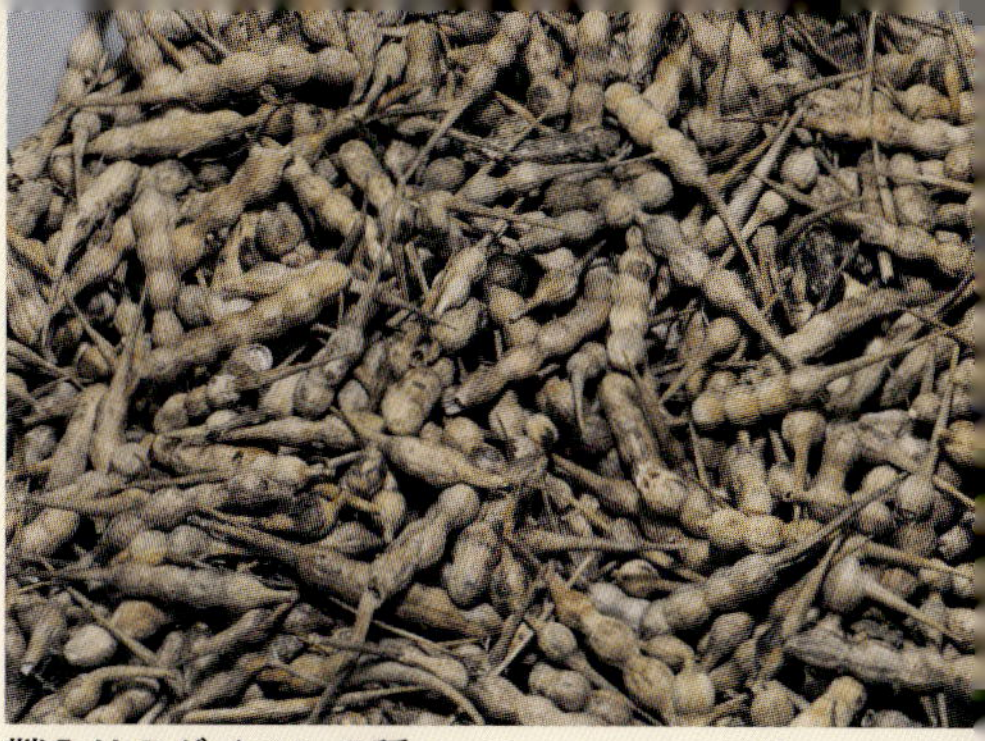
鞘入りのダイコンの種

オクラの莢と種

果実内部のヘチマの種

発芽試験の例

キュウリ 5日目

インゲン 5日目

ダイコン 5日目

スイカの種

左から黒皮すいか、嘉宝、でんすけ

ホウレンソウの種

左から福王寺、川内、温品

野菜の種いろいろ

＊（　）内は系統名、品種名、地方名、俗称

ダイコン（白首長尻宮重大根）

エンドウ（倉重在来）

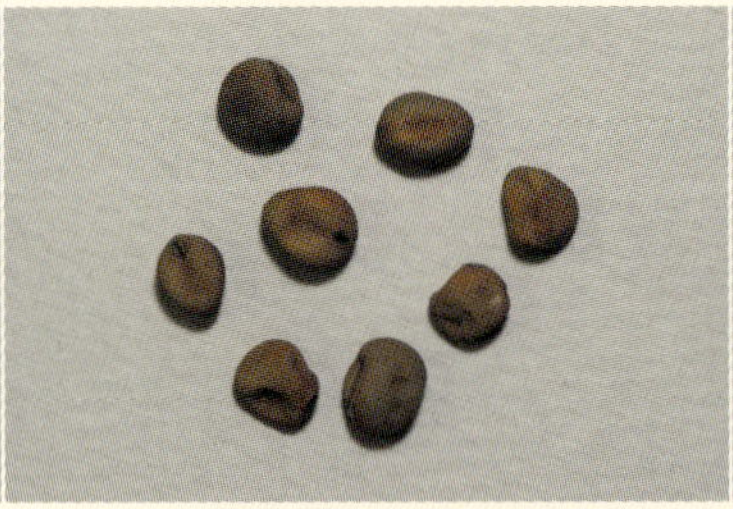

キュウリ（どっこ）

ニンジン（ナンテスコアレス）

インゲン（三度成桑田在来）

カボチャ（まさかり）

ホウレンソウ（川内）

オクラ（テヘラン）

トマト（シュガーランプ）

ネギ（下仁田）

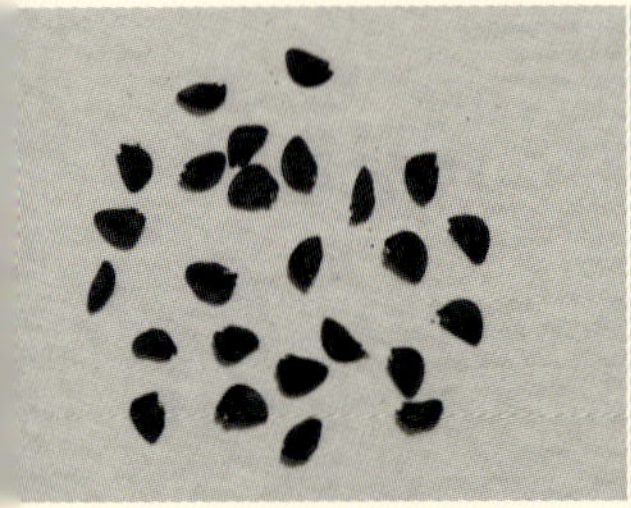

広島菜（中野系）

ピーマン（石田系）

ゴボウ（亀山南在来）

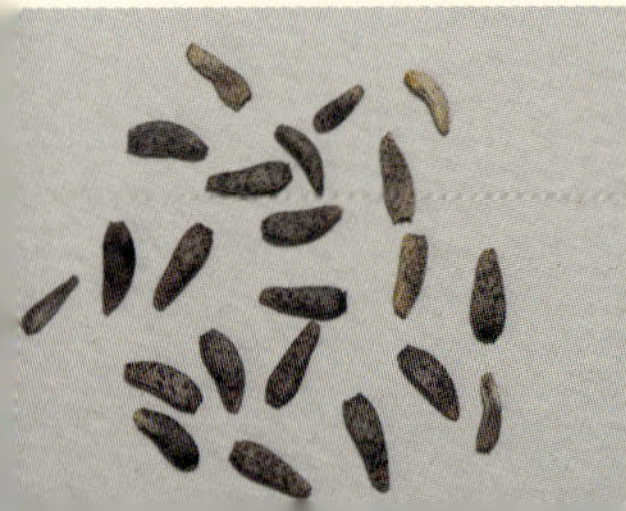

キャベツ（広かんらん）

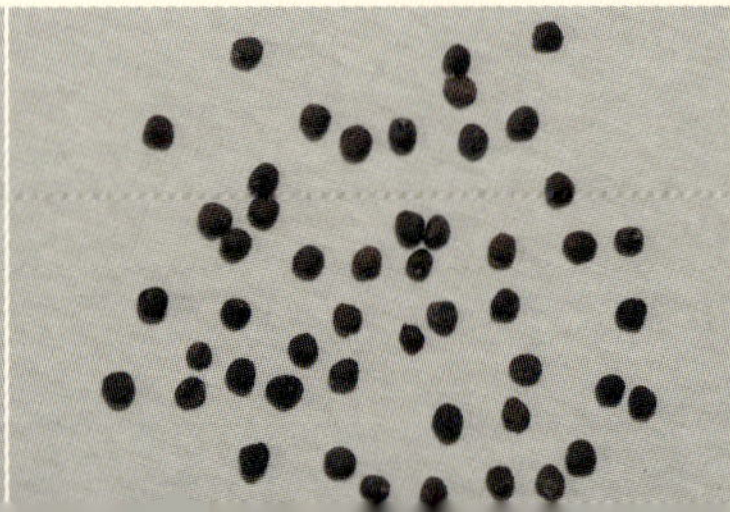

ナス（赤穂系）

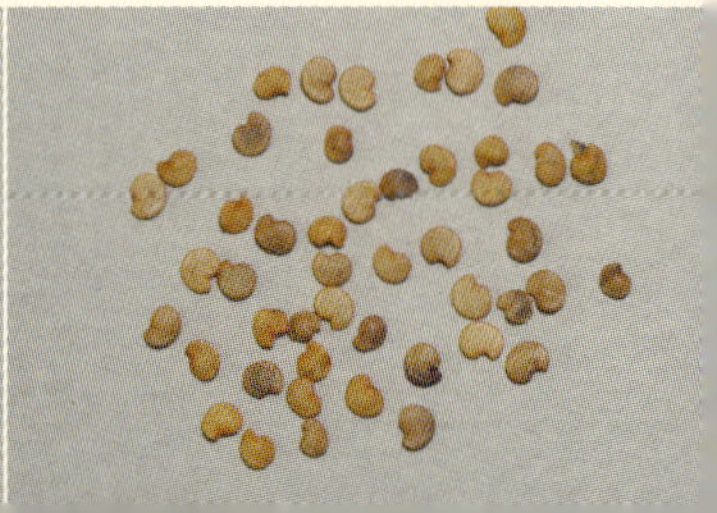

第1部

種採りの基本と心得

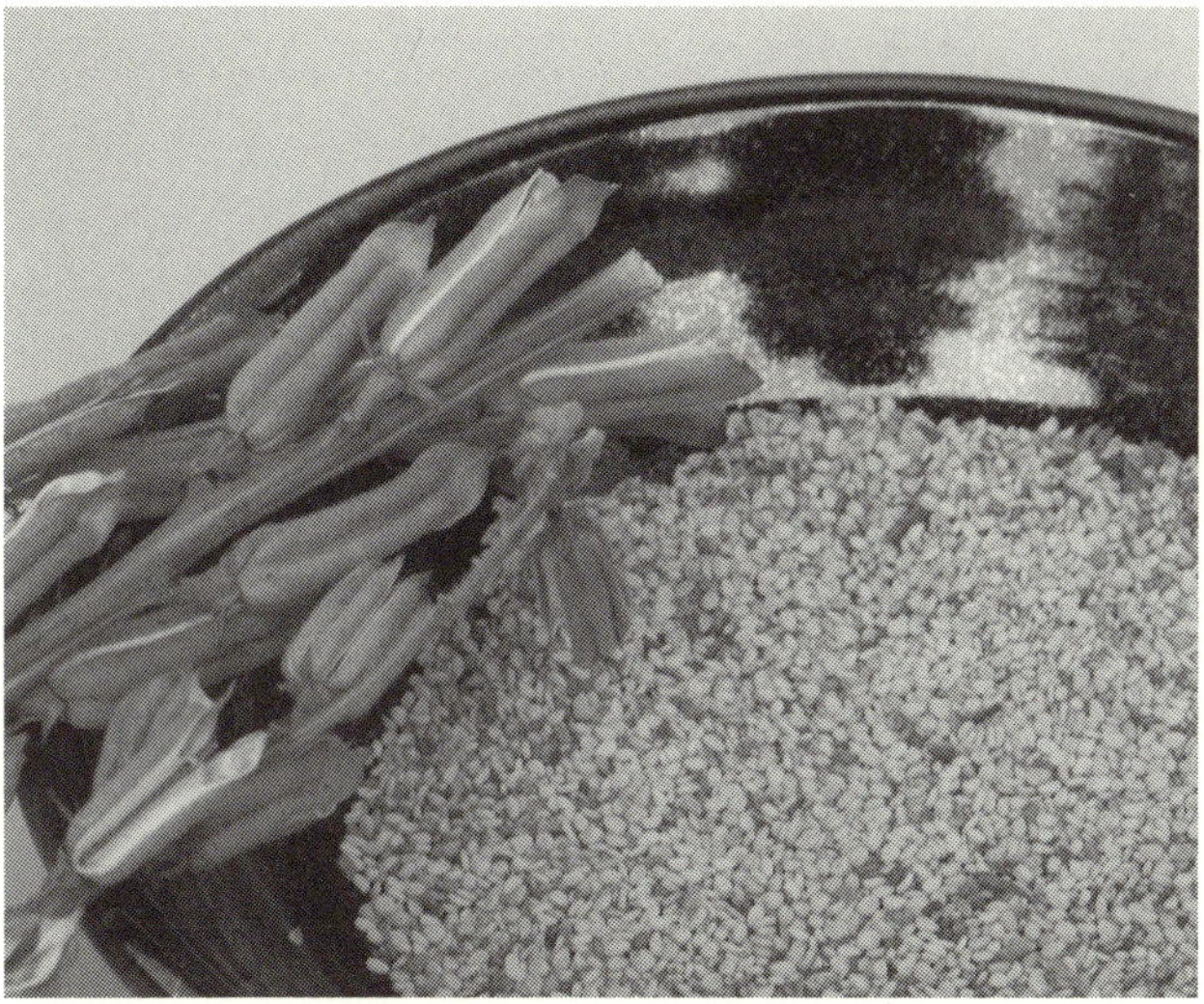

ゴマの蒴と蒴から取り出した種

伝統野菜・地方野菜の価値と魅力

●「どこでも同じ野菜」の功罪

最近、スーパーや小売店の店頭に並んでいる野菜の種類や品種が全国どこでも同じような気がしてならない。この原因はいくつかあるが、一つは全国にチェーン店を持つ大型スーパーなどと大規模な野菜産地との間で結ばれる生産物の相対《あいたい》取引の割合が高まったことによる。次に輸送網の充実や商品輸送中の品質保持技術の確立など青果物流通条件の整備により輸送のスピード化がはかられ、青果物が高品質を保ったまま全国各地で同時期に販売可能になったことである。

亜熱帯の沖縄から亜寒帯の北海道まで、南北に約二二〇〇㎞にわたって広がる日本列島では、同一品種でも地域をまたいで適期に栽培され年間を通じてその産物が全国に供給されることは、それなりに意義のあることと思われるが、商品に対する消費者の選択肢が狭くなる点は否めない。

●人気を呼ぶ地域の伝統野菜

一方、朝市や日曜市、道の駅などでは、地域の伝統野菜やその加工品などその地域でその時期でないと入手できない数多くの商品が並び、近くの都市部からの消費者や観光客で連日賑わい、売上げを延ばしている例が数多く見られる。このことは現在のスーパーなどに並んでいる商品だけでは消費者の要望が満足されないことを示している一つの例といえよう。

さて、現在大量に流通している多くのF_1品種の生産力は多肥、多灌水《たかんすい》、多農薬、密植などの栽培条件によって支えられており、これらを与えれば短期間に大量生産する能力を持つ品種は多い。

一方、伝統野菜や地方野菜のなかにはそのような栽培条件では優れた生産物の得られないものが多い。

例えば全国に数多く残っている赤カブ類は、本来、焼き畑などで栽培されていた品種で、肥料分が少なく日当たりや水はけのよい場所で品質のよいものが

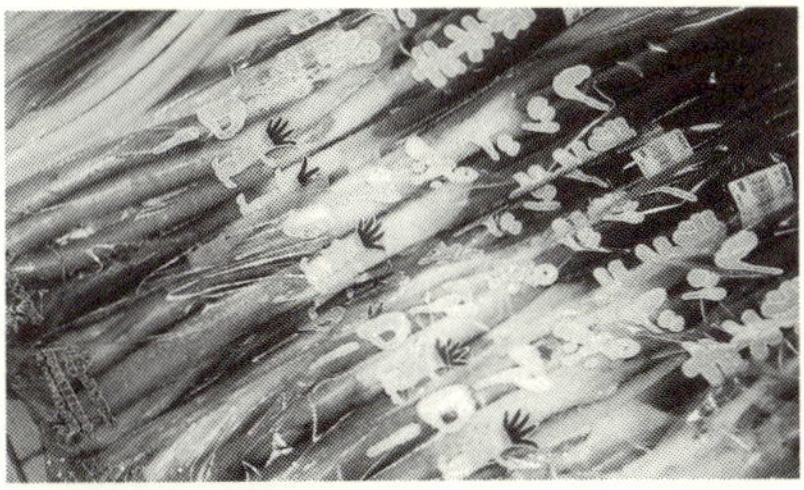

在来種(茨城県桂村)の赤ネギ・レッドポアロー

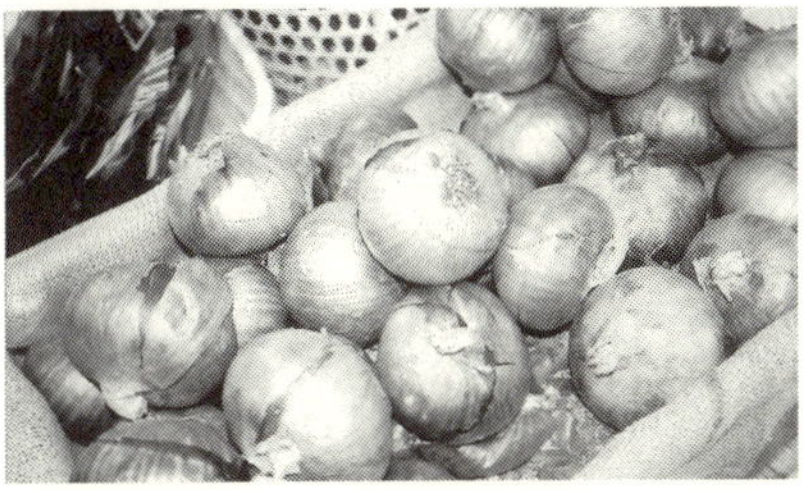

北海道産のタマネギ・アーリーレッド

いつでも盛況の直売所「ポケットファームどきどき」(茨城県茨城町)

生産される。この品種を転作水田など水分や養分の豊富な条件下で栽培すると、異常に肥大し色は薄く肉質はやわらかくなり、時として裂根が多く発生するなどまったく商品にならない場合もある。

●季節限定の特徴ある生産物を

すなわち、伝統野菜や地方野菜は肥料や農薬などの乏しい時代に地域に根付き、栽培が続けられてきたため、その条件を守って栽培する必要がある。

その結果、生産力はF_1品種に比べると高くはないが、生産物の色や味、香り、機能性などの点で優れたものが多い。伝統野菜や地方野菜の良さは、大量流通の品種にはない特徴のある生産物をその地域、その季節限定の商品として消費者に届けることにある。

そして、純粋な種子を自分たちで採って管理することにより、その地域だけの特産物として長期間維持することが可能となる。毎年この時期にあの場所に行けば自分の好みの野菜やその加工品が手に入るということになれば、消費者と生産者との間に信頼関係も生まれてこよう。

在来種・固定種とF_1交配種との違い

●在来種は似たものどうしの集まり

在来種・固定種は、栽培の歴史や栽培地域などその品種にかかわる履歴部分はともかく、遺伝的な特徴をいえば、品種という一つの集団のなかで毎年遺伝子の交換を行いながら次代の種子《しゅし》を生産してきた、いわば似たものどうしの集まりということができる。

生産された種子の特性は親集団のそれと大差ないのがこの種《たね》の特徴である。

この集団のなかでは時として変わり者が出現することがある。これが突然変異といわれるもので、実用性の高いほうに変異したものは新品種として脚光を浴びることになる。しかし、大部分は実用性のない側に変異するため、このような変異株の除去にはつねに気を配る必要がある。とくに採種時には採種用の株のなかにこのような変異株が混ざらないように気をつけねばならない。この作業を母本《ぼほん》選抜という。

この母本選抜の程度をあまり厳しくしすぎると、アブラナ科やキク科のシュンギクのように自家不和《ふわ》合性《ごうせい》（自分の株の花粉では受精不能の性質）の強い種類では、種子が採れなくなる危険性がある。したがって、母本選抜の程度は実用的な範囲の変異を含んだ状態にとどめるのがよいとされる。

このように在来種・固定種といわれるものは、採種時に母本選抜という作業を行うことでまず品種内の変異を実用的な範囲にとどめる。これに加えて、外部から別の遺伝子が入り込まないようなしっかりした交雑《こうざつ》（遺伝的に異なる形質を持つ個体間の交配）防止対策を行うことにより、長期にわたって採種を繰り返してもその品種の持つ実用的な特性に大きな変化は生じない。つまり、実用的な形質を持った種子を多く採るために必要な対策を行うことで自家採種の継続が可能となる。

ちなみに『地方野菜大全』（芦澤正和監修、農文協）

〔在来種・固定種・F1交配種の種〕

在来種 ⟹ 自家採種できる

その地方に長年、栽培されてきて風土に適応した品種。昔ながらの品種で、他の地方では育ちにくいものもある。

すべて固定種と考えてよい

固定種 ⟹ 自家採種できる

何世代もかけて選抜、淘汰され、遺伝的に安定した品種

〔＊在来種＆固定種は現在、地方に 20科69種類556品種・系統があるといわれているが、これも急速に衰退、消滅しかかっている〕

F1交配種 ⟹ 自家採種では同じ性質を持った種が採れない

異なる性質の種をかけ合わせてつくった雑種一代目。F2（雑種第二代）になると、多くの株にF1と異なる性質が現れる

によれば、在来種・固定種といえる地方野菜は二〇科六九種類五五六品種・系統があったとのこと。しかし、これらはあとで解説するF_1交配《こうはい》種が急速に拡大するなかで、衰退、絶滅の危機にさらされている。

F_1交配種に比べ、在来種・固定種は作物本来の個性的な形、味を持つものが多いだけに、自家採種によってぜひとも後世に残していきたいところである。

●F_1交配種は雑種第一代

一方、F_1交配種とは、性質の異なる品種間のかけ合わせによって生まれる雑種第一代のことである。

同じ組み合わせでも雌雄《しゆう》が逆になるとできた種子の生産力が異なる場合があることから、雄を花粉親、雌を種子親と言って区別する。両親の縁が遠ければ遠いほど雑種第一代の生産力が高いといわれており、これを雑種強勢（ヘテローシス）という。雑種強勢の程度は両親の組み合わせ能力（相性）の違いによるとされており、相性のよい組み合わせが選ばれる。

F_1交配種の育成には、自分の花粉で実をつける性質を持った自殖作物の場合、開花前に花の中の雄しべをピンセットで取り除いたものに袋かけし、開花後に別の品種の花粉を交配する。要するに同一品種内での相互交配によるものではなく、別の品種との交配によって育成される品種ということであり、先に述べた在来種・固定種の育成とは根本的に異なる。

この作業を効率的に行うために、花粉稔性《ねんせい》（稔性＝有性生殖が可能であること）のない（雄性不稔）株の育成や選抜、花粉の稔性は正常だが自分の花粉では種子のできない自家不和合性を持った株の選抜、雌雄異株もしくは異花の利用などが行われている。

F_1交配種の特徴は、①雑種強勢を示し、生育が旺盛で生産力が高く、栽培が容易である、②生育が斉一で形質のそろいがよい、③多くの優良形質の組み合わせが可能、④次代に雑ぱく（雑然としていてまとまりがないこと）な固体が多数出現するため、実用的な自家採種はできない、などである。

つまり、この品種の種子は種苗《しゅびょう》業者にその生産や価格などを委ねざるをえない。現在流通している野菜の種子は、マメ類、ネギ、レタスなどの一部を除いて、そのほとんどがこのF_1交配種になっている。

種子繁殖と栄養繁殖について

●種子繁殖と栄養繁殖

作物の次の世代を生産するための元になっているのは普通は種子であるが、なかには種子のできにくい種類や、できた種子の遺伝子が雑ぱくなため、種子での繁殖（種子繁殖）では元の植物と同じ性質を持った固体を生産できない種類がある。また、次の世代を生産するのに種子を用いるより栄養体（体の一部）を用いたほうがはるかに効率的な種類もある。

このような種類では元の植物の体の一部を増やして、元の植物と同じ性質を持った新しい植物をつくり出す方法（栄養繁殖）が普通に行われる。

●交雑を防ぎ、健全な種子の確保を

種子繁殖で注意しなければならない点は、他の品種と交雑させないことと、高い生産力を持った種子をある程度の量確保することである。そのためには、品質、生産力ともに高い複数の母本の確保と、それらを健全に育て、的確な交雑防止対策を行って健全な種子を生産することである。種子繁殖の利点はこのようにして大量生産した種子を低温・乾燥条件下で貯蔵することにより、生産された時の生産力をそのままの状態で数年間維持できるということである。

このような状況になると、同一品種の種子生産は毎年行う必要はなくなり、種子の生産効率は高くな

ネギ坊主（岩津ネギ）ごと乾燥させる（写真・山根成人）

ジャガイモのウイルス罹病株（葉巻病）

ニンニク（ハリマ王）。晩生の育成種

掘り出したばかりの種イモ用エビイモ（兵庫県姫路市）

る。

一方、栄養繁殖について考えてみよう。

栄養繁殖に用いられる組織はイモ類（塊茎《かいけい》や担根体など茎の変化したもの、サツマイモは塊根《かいこん》を貯蔵するが繁殖にはそれから発生する若芽＝蔓《つる》を使う）、ネギ類（ラッキョウ、ワケギ、ニンニクなどは葉の変化した鱗茎《りんけい》）、ハヤトウリ（一個の種子を含む果実）など主として貯蔵組織を利用するもののほか、イチゴではランナー（親から蔓状に伸びて地上をはう茎。匍匐枝《ほふくし》ともいう）、ショクヨウギクやスイゼンジナなどでは主として新芽の部分を挿《さ》し芽《め》をして発根させた株を用いる。

●ウイルス病に侵されていない株を繁殖原に

栄養繁殖で最も注意しなければならない事柄は、ウイルス病に侵されていない株を繁殖原に用いるということである。ウイルス病は核タンパクであるため、作物に感染するとその作物の核に入り込み増殖する。細胞分裂によって新しくできる組織はすべて罹病する全身病であるため、体の一部を繁殖原とす

（採種用母本の備えるべき特性と採種の要点）

〈種子繁殖〉

①その品種の持つべき特性の大部分を備えていること
②ウイルス病などの症状が見られないこと
③株数は少なくとも3株以上は必要で、株《かぶ》間《かん》で花粉の交換を行う

〈栄養繁殖〉

①その品種の持つべき特性の全部を備えていること
②ウイルス病などの症状が見られないこと
③株数は1株だけでもよい

る新しい植物はすべてウイルス病に罹病した状態となり、生産力は激減し品質も低下する。

このような状況を起こさないためには、ウイルス症状の見られる株からの種イモや種球《しゅきゅう》などの生産は行わないよう気をつける。また、病害ではないが、体の一部が変異する突然変異（芽条変異《がじょうへんい》やキメラなど）が発生することがあるため、注意が必要である。

栄養繁殖は、種子繁殖と違って、繁殖した植物体を大量にしかも長期間貯蔵することは困難である。ジャガイモでは組織培養の方法を用いて大量のマイクロチュウバーをつくっている企業もあるが、一般の栽培者では難しい。したがって、親株の保存と、それを元にした増殖は毎年必要となる。

しかし、種イモや種球などは種子に比べるとはるかに大きく、貯蔵養分も多いため、経済栽培の成り立つ新しい植物の育成に必要な期間は短縮され、効率はよい。たとえば、ジャガイモでは種イモが腐敗しやすく輸送の難しい熱帯地方での栽培には真正種子が用いられるが、この場合、種イモを用いた栽培に比べて一作期分遅れる。

種類によって異なる野菜採種の特異性

●利用部位の多様性と花芽分化の有無

食べ物として利用する野菜は、種類によって利用する部位や成熟の程度が異なり、植物形態学の面から分類してもきわめて複雑である。

花芽《かが》（はなめとも読み、花をつける芽）分化の必要・不必要について見ると（分化とは、発生の過程で、細胞・組織などが形態的・機能的に特殊化し、異なった部分に分かれること）、まず、食べ物として種子《しゅし》を直接利用する種類はマメ科の一部とトウモロコシくらいで、開花、結実《けつじつ》（草木が果実を結ぶこと）を通じて利用部位が生産されるのはウリ科の大部分、ナス科の大部分、マメ科の大部分以外は前述したトウモロコシとオクラおよびイチゴのみである。アブラナ科のカリフラワー、ブロッコリー、各種菜花類《なばな》は花蕾《からい》（花の蕾《つぼみ》）およびそれを支える薹《とう》（花のつく台座）を利用する。以上のものは花芽分化が必要であるが、他の葉、茎、根菜類では花芽分化はむしろ品質を下げる要因となる。そのため、後者では花芽分化を起こしにくい性質を持つ方向に選抜されてきた。

このことは、優れた種子を大量に生産するのが目的の「採種栽培」にとってはきわめて大きい問題となる。

●原産地の違いによる開花期の違い

日の長さ（日長）が花芽分化に影響する種類では、原産地の緯度の違いが開花期に影響することが確認されている。筆者の体験では、赤道に近い低緯度地域から導入したダイズ、インゲン、ササゲ、トウガラシなどを広島で栽培した場合、八月上旬以降でないと開花しない。したがって、これらの品種の種を春まきした場合は、栄養生長期間が長くなるためきわめて大株となり、管理に支障をきたすことが多い。

この原因は、赤道付近がつねに日が短い（短日）条件下にあり、その場所で生まれ育った品種は他の地域で栽培した場合でも短日条件下でないと花芽分化しないためと思われる。

日本産のダイズは、花芽分化と開花の特性から、数グループに分類されている。

一般的には北海道や東北地方など寒冷地原産の品種は温度が高くなると花芽分化する性質が強く、九州地方などの温暖地原産の品種は短日で花芽分化する性質が強い。

これは開花結実後の気象条件、なかんずく登熟《とうじゅく》適温期間の長さと関連していると考えられる。寒冷地では秋の期間が短く、夏も夜温が低下するなど、夏～秋にかけての期間が登熟に適しているのに対し、温暖地では夏の過高温期を避けて長い秋の期間中に登熟するのが適しているためと考えられる（登熟とは種子が次第に発育・肥大し、炭水化物やタンパク質が集積されること）。

高知県の山間部で栽培されている「ギンブロウ」という蔓性《つるせい》のインゲンはいつまいても八月下旬でないと開花しない。この品種は古くから高知県で栽培されている品種だそうだが、日本の在来種にもこのような性質があるのは珍しい。

●固定種と交配種の素顔

在来種・固定種とF_1交配種との違いについては前に述べたが、採種の根本にかかわる部分なので、ここで補強説明をしておきたい。

種子繁殖性の伝統野菜、地方野菜は、すべて「固定種」である。

固定種とは、個々の株（根のついた植物の一つひとつの個体）の持つ遺伝的性質がまったく同一であるという意味ではなく、実用的な性質がほぼ似かよった株の集団と考えるのが正しい。つまり、集団内には小さい変異を含んでおり、ある程度の選抜効果もある（しかし、選抜を加えすぎると遺伝子の変異幅が小さくなり、採種量が激減する危険性がある）。

この集団は実用上問題のない変異を含んだ状態で自家採種を続けることで親の性質の大部分を子に伝えることができ、採種量低下の危険性も少ない。

一方、「交配種」とは雑種第一代のことである。これは普通、F_1とか一代交配種と呼ばれている。

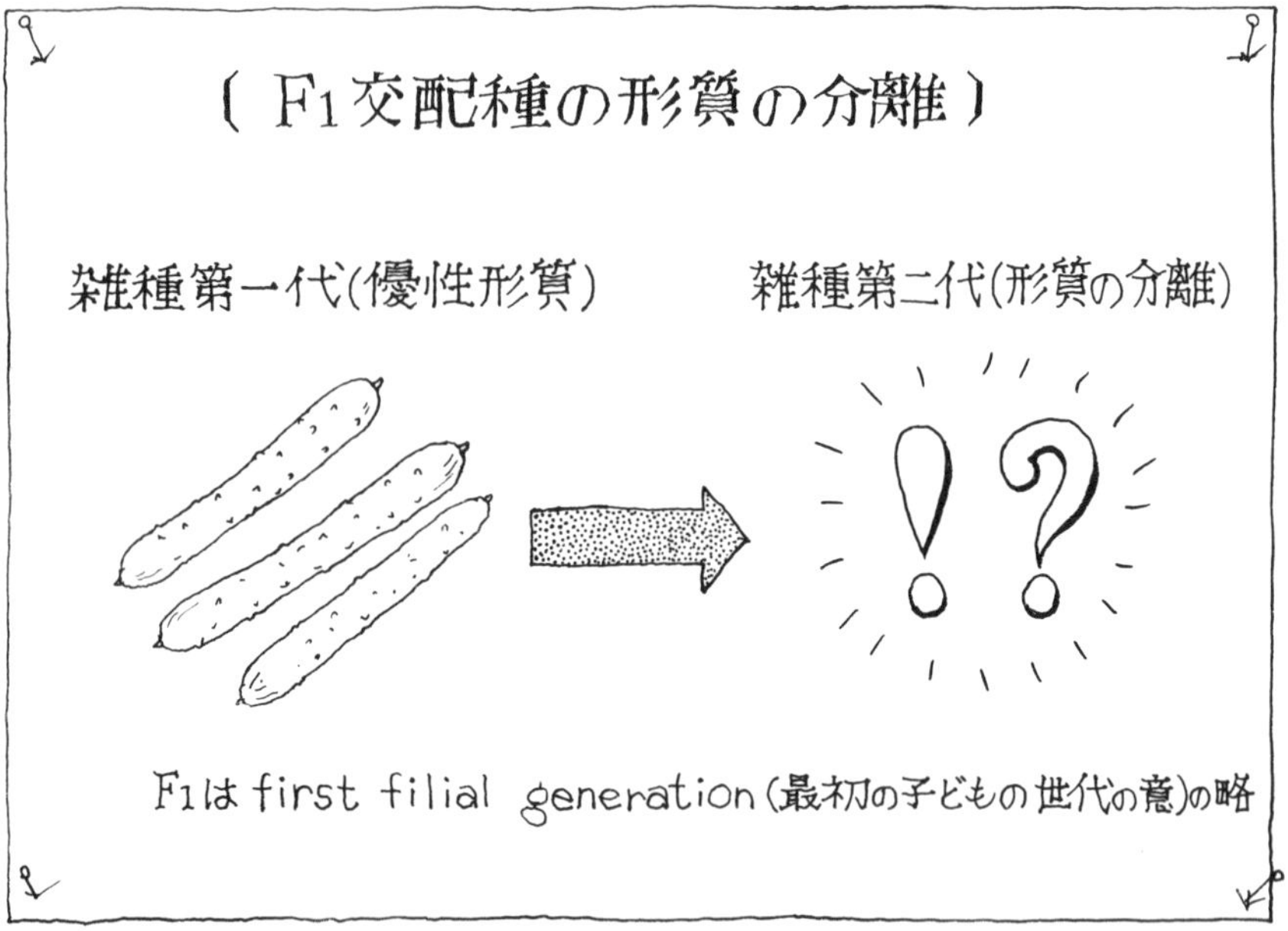

固定種の種子がほぼ同様の性質を持つ両親間の交配によって生み出されるのに対し、交配種の種子はまったく性質の異なった両親間の交配によって生み出される場合が多い。

雑種第一代では対立している遺伝子のうちで発現しやすい性質（優性形質という）のみが発現する。優性形質は必ずしも優良形質とはいえないが、F_1品種では、雑種第一代で優良形質が出るような両親の育成や組み合わせ能力（相性）の検定などが繰り返し行われて、両親が決められる。このようにして決められた両親の性質は変わらないで維持されなければならないため、そのための技術的対策も確立されている。雑種第一代の種子から育った株はきわめてよくそろっており、さらに、多収性や耐病性、早熟性などの優良形質の備わっているものが多いため、栽培には便利である。

しかし、これらの株同士を交配して得られた種子（雑種第二代）からは親とは異なる形質を持った株が雑多に出現する。いわゆる形質の分離が起こる。したがって一般にはF_1品種からの採種は行わない。

固定種の採種栽培にあたって

●優れた種子の持つ三つの要件

優れた種子の概念は人によって異なると思われるが、筆者は次の三点が満足されていれば優れた種子と思っている（これは栄養体の場合も同様である）。

●交雑種や異品種の混入がなく、土砂などの夾雑物《きょうざつぶつ》が十分に取り除かれているもの
●よく充実しており、発芽率の高いもの
●病害虫の付着や被害のないもの

このように優れた種子を一定量、もしくは大量に採種するためには雨よけと排水対策、母本の選抜、健全な株づくり、結実特性と交雑防止対策などの諸点に配慮する必要がある。ここでは、まず雨よけと排水対策、さらに優れた形質を持つ母本の選抜について述べておきたい。

●雨よけと排水対策

日本で栽培されている野菜類の多くは、三～七月に開花期を迎え、結実後二か月程度の登熟期を経過して充実した種子を生産する。

なかには前節で述べた低緯度地域から導入された品種のように八月以降に開花する種類もあるが、数は少ない。

つまり、日本の野菜の大部分は開花結実期が梅雨季と重なる。南北に長い日本列島では、沖縄地方から東北地方までの各地は順に梅雨季に入り、ほぼ一か月を経て梅雨明けとなるが、作物の生育もこれとほぼ平行して推移する。つまり、日本での大部分の野菜の露地栽培における開花～種子の登熟期は、いずれの地域でも梅雨季にかかり、降雨の被害をこうむることになる。

梅雨のない北海道は別として、この梅雨季の降雨は、野菜類などの採種にとって最大の障害である。

この被害をいかに免れるかが、採種に成功するための大きい鍵となる。

そのためには、排水対策に十分配慮しなければならない。とくに葉、茎、根菜類では、青果《せいか》で収穫する株の大きさに比べて採種株の大きさは数倍あり、生育期間も長く株の老化も進んでいることから、滞水の被害を受けやすい。また、ニンジン、ゴボウ、ビート、タマネギなど地上部が巨大になる種類は、風雨による倒伏《とうふく》の危険性も高い。

カブのマルチ栽培（写真・福田俊）

これらの被害を少なくするには、畝《うね》幅は青果栽培の場合に比べてやや広目とするものの、両側の溝を広く、深く掘り、滞水しにくくする。

畝の長さは一五m以内と短く区切って、激しい連続降雨の場合でもすみやかに排水できるように配慮する。

採種畑（採種圃《さいしゅほ》）には黒マルチの設置が望ましい。黒マルチは若干ではあるが地温の上昇効果があり、生育を促進する。また、肥料の流亡や雑草の発生を抑えるとともに、梅雨期間中の空中湿度を低下させて受精の促進や病害の発病抑制効果も期待できる。

倒伏防止のためには、生育初期からの株づくりに努めるとともに、開花前に不要な側枝《そくし》（葉の付け根に出る枝）などを切除し、丈夫な支柱に誘引する。

雨よけ施設の設置は、良質な種子を大量に採るためのもっとも有効な手段である。雨よけ施設下では降雨に弱い花粉の寿命が長くなるため、受精率が向上し結実数が多くなるとともに、登熟期間中の病害発生などの障害が軽減され、登熟期間も短縮されて、良質の種子を大量に採ることができる。

雨よけ施設の設置は、すべての種類で有効である。

とくに病害に弱く果実が降雨の被害を受けやすいメロン類やトマト、開花期間や登熟期間が長く種子が小さく過密状態になっているため乾きにくくつねに降雨の被害にさらされているシュンギクでは必要条件であり、花梗《かこう》（花柄《かへい》。個々の花をつける枝）が細いためとくに降雨の被害を受けやすいネギ類でも望ましい。

●優れた形質を持った母本の選抜

固定種はF_1交配種に比べてそろいが悪く、それが安定した採種量の確保につながっているのだが、なかにはその品種の持つ実用的な形質から大きく逸脱した形質を持つ株が生まれることがある。そのような株の形質がばらまかれてしまうと、その品種特有の形質が失われる危険性がある。そこで、事前にそのような形質不良株からの採種を避ける必要がある。これを前述したように母本《ぼほん》選抜（種を採るための株を選ぶこと）という。

母本選抜はすべての種類で行われるが、とくに問題なのは根菜類である。地上部を利用する果菜類や葉、茎菜類では、生育の過程で不良株の判別が可能なため、不良形質が発現した時点でその株の抜き取りができる。しかし、利用部位が地下部にある根菜類ではそれができない。

そこで、根菜類では販売可能な状態にまで生育させた時点で、採種対象としている株のすべてを抜き取り、その品種の理想的な形や色を持った株のみを採種株として選ぶ。

このようにして選ばれた株は、ただちに別の場所に植え直され、採種用の株として栽培が継続される。

株の選抜と植え直しは、植え直した株がただちに発根するに十分な地温が確保されている時期に行われる必要があり、地域によって異なるが、一般的には晩秋もしくは春先が適する。地温確保のためのフイルムマルチやトンネルの使用も、地域によっては必要となる。発根に必要な地温の確保されない冬季にこの作業を行った場合、植え直し後発根までに長期間を必要とし、その間に寒害などの生育障害を受ける危険性が高い。

採種のための健全な株づくり

よく充実した種子を大量に採種するには、健全で大形の母株の育成が必要である。そのためには、次の諸点に留意する。

●植えつけ期（播種期を含む）

植えつけ期（播種《はしゅ》期を含む。播種＝種まき）は、その品目の露地栽培での適期とするのがよい。最近は栽培室内もしくは生育促進のための資材を用いた栽培が普通に行われているため、露地栽培での適期が見失われがちだが、本来、野菜のもっとも普遍的な生育適期は露地栽培にある。ただし、メロン類など栽培室内での栽培以外は成り立たない品目はこの限りでない。

日本で長年にわたって栽培されてきた野菜類は、四季のある日本の気候下で土着し、種子生産を行ってきた。果菜類の大部分は、栄養体がある程度の大きさになれば、日長や温度にはあまり関係なく花芽分化、開花、結実を連続して行う。

一年性の種類では、エダマメやインゲンの一部の品種、それにハヤトウリなどが短日にならないと花芽分化しないが、その数は限られる。これら短日性の種類や品種は、一般の種類に比べて植えつけ時期を少し遅らせる必要がある。

葉、茎、根菜類は、一般に低温短日条件で花芽分化し、高温長日条件で開花結実する。したがってこれらの種類は温度や日射量の潤沢な時期に十分に株づくりを行った後に、低温短日期を迎えるのがよい。

ユリ科のアスパラガスは多年草であるため、植えつけ時期に幅がある。ハウス育苗では二月ころから、露地育苗では四月ころから種まきができる。

ネギは株づくりに一年以上かかる品種もあるため、前年（採種する年の二年前）の一〇月ころからまきはじめ四月ころまで品種によって順次まいたものを、半年～一年かけて株づくりを行い、九月上旬に畑に植えつけ（定植）した株から採種する。

アブラナ科、セリ科、キク科、アカザ科など多くの種類の種まき期は、セリ科のパセリが五月ころともっとも早く、以下、セリ科のセルリー（セロリ）が六月、セリ科のニンジンやアカザ科のビート、アブラナ科のキャベツ類（ブロッコリー、カリフラワー、コールラビー、メキャベツなどを含む）が七月ころから、最後にキク科のゴボウが一〇月中旬と順次、種まきする。

アカザ科のホウレンソウやキク科のレタス類は、長日で花芽分化、開花結実するが、これらも九月中旬を中心に種まきし、年内に十分に株づくりを行う。

ハーブ類の多くが属するシソ科やタデ科は、短日で花芽分化するため四月下旬には種まきし、開花期の九月までに十分株づくりを行う。

豆科の一部や他の果菜類の大部分、アスパラガス、ネギ類やキャベツ類などでは育苗が必要であり、根菜類では株の母本選抜のため植え替えが必要であるが、それ以外の品目は必要な栽植密度での直《じか》まき（直播《ちょくはん》）栽培がよい。直まき栽培の場合、初期生育の鈍い品目（シュンギクやレタスなど）の初期管理には十分な配慮が必要であるが、直根《ちょっこん》が深くまで伸びるためその後の生育は旺盛となり、株が丈夫に育つ。

●肥料の種類と施肥法

採種栽培での生育期間は、青果栽培の場合に比べて一般に長い。とくに栄養体を生産物とする葉、茎、根菜類では、青果栽培の五～一〇倍の長期間、健全な状態で植物体を管理しなければならない。このことは、これまで採種栽培を手掛けていなかった人たちにとっては、気の遠くなるような話といえよう。

採種栽培での肥料の施し方（施肥《せひ》）は、長期間少しずつ肥効を示す有機質肥料の全量基肥《きひ》（もとごえ）がよい。そして、肥料の流亡と株間《かぶま》の湿度上昇を防ぐため、黒マルチ栽培をおすすめする。

有機質肥料は油粕などに比べて単価の安い家畜糞もしくは家畜糞を主体とした発酵堆肥でよい。

一㎡当たりの施用量は、鶏糞や豚糞で三〇〇～五〇〇g、牛糞および発酵堆肥で一・〇～四・〇kg（いずれも風乾《ふうかん》物）程度となる。施用法は全面鋤《す》き込み（田畑を耕して肥料などを土に混ぜ合わせる）で、施用時期は植えつけの一か月以上前に行う。

この施用時期が大切で、よく鶏糞など家畜糞は障害が出るので使用しないという人がいるが、これは施用時期と作物の植えつけ時期が近すぎて肥料が土壌とよくなじまない間に作物を植えつけるためで、使用者のほうに問題がある。

また、石灰分の多い鶏糞や豚糞を施用しながら、さらに苦土《くど》石灰（苦土＝酸化マグネシウムの通称）などの石灰質資材を施用して石灰過剰を起こしている例もある。鶏糞や豚糞を施用する場合は石灰質資材は使用しない。これらを含んだ発酵堆肥を使用する場合も、資材のpHをよく調べて、必要がなければ使用してはならない。

緩効性の化学肥料の施用は問題ないが、価格が高く、家庭菜園などで使う必要はない。効果の面では家畜糞で十分である。

生育期間が長いので追肥《ついひ》を考えがちだが、追肥は土中に施用しないと有効でないため、その作業が難しい。施用量を守った有機質肥料の全量基肥が合理的で有効である。

●栽植密度

採種栽培は青果栽培に比べて生育期間が長い。生育期間が長くなるにつれて株が大きくなるわけで、とくにホウレンソウ、シュンギクなどの軟弱物などでは青果栽培の場合の十数倍から数十倍の大きさになる。地上部の大きさに比例して地下部も大きく育てる必要がある。したがって、植えつけ時から採種栽培に必要な栽植密度で植えつけ、生育初期から根を十分に張らせる必要がある。

必要な栽植《さいしょく》（植えつけること）密度は品目によって異なるため、第2部の各論で述べるが、スイカやカボチャなどでは三～五㎡に一株、ゴボウやビートなど地上部が大きくなる品目では一㎡に一株、その他の品目では一㎡に二～三株を標準とする。

●摘花および摘果

採種栽培では純粋で充実した種子を採る必要があるため、受精した種子が発育を完了するまでの期間は、その種子に養分を重点的に配分しなければなら

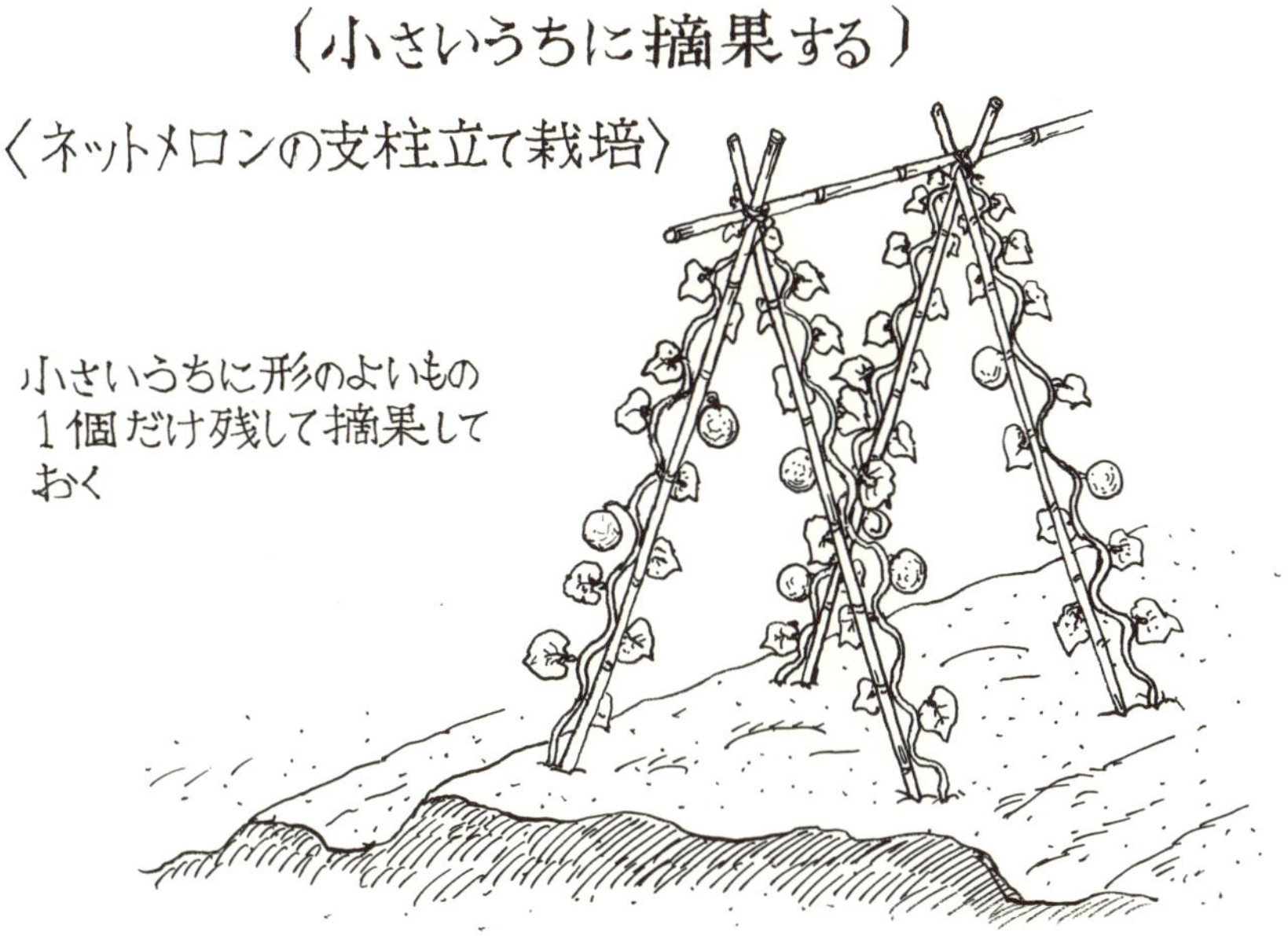
〈小さいうちに摘果する〉
〈ネットメロンの支柱立て栽培〉
小さいうちに形のよいもの1個だけ残して摘果しておく

ない。したがって、果菜類では、人工交配（人工授粉）した果実もしくは自然交配したもので採種用としてマークした果実を除いて着生《ちゃくせい》している雌花《めばな》や自然着果《ちゃっか》（着果＝果実がつくこと）した果実は早めに切除（取り除くこと）する。

　とくに自然着果した果実は、生育速度が早く、本来の目的である採種用の果実や種子の充実を著しく阻害するおそれがあるため、定期的に栽培地を見回ってできるだけ小さいうちに摘果《てきか》（間引くこと）する。採種用の果実の生育が旺盛となるにつれてそれ

ツケナの結実状況。防虫網の中に見られる遅れ花を取り除き、網周辺の株を抜き取る

以外の果実の着生は少なくなるが、完全になくなることはないため、定期的な摘果作業は最後まで続ける必要がある。

　アブラナ科などの葉、茎、根菜類では、開花結実の期間がある程度長期にわたって続くが、結実が一段落した後にひこばえとして発生する遅れ花がある。この遅れ花はほとんど着果しないが、この遅れ花の発生時期には、採種株の周辺にバリアとして植えつけた株をぼつぼつ取り除く時期にあたるため、外部からの異種類の花粉の飛び込みも懸念される。

ニンジンの開花状況（黒田五寸、写真・山根成人）

網の中でのニンジンの開花。花の位置によって開花期に大幅なずれが生じる

　したがって、この遅れ花は完全に取り除くのが安全である。同時に採種株にかけていた寒冷紗《かんれいしゃ》などの防虫網（後述）を取りはずし、腋花房《えきかぼう》（葉の付け根にできる花房）の頂部に残っている花も切除する。この作業を行った後、再び防虫網をかけ、鳥の食害防止に備える。

　ニンジンなどのセリ科では主茎《しゅけい》以外に多数の側枝が発生し、それぞれの枝に頂花《ちょうか》（茎の先端に咲く花）と数次の腋花《えきか》（葉の付け根にできる花）が着生するが、一株内でこれらの花の間には開花期に大幅なずれがあり、主茎の頂花が結実期を迎えても上位側枝の腋花などはまだ蕾《つぼみ》の状態で開花にも至らない。このように一株の開花期間が異常に長い品目では、開花結実を一定期間内に納めるため、とくに早い花と遅い花を摘除する必要がある。

　具体的には、主茎の頂花を早い段階で切除するとともに、上位側枝のすべてと下位側枝の側花の大部分を取り除き、下位側枝の頂花を中心に一株で数花のみを残す。こうして開花結実期間を二か月程度に制限する。

結実特性と交雑防止対策

●小規模でもできる採種法

野菜は種類が多く、着花《ちゃっか》（花がつくこと）特性や花器の構造、さらに結実特性などが品目によりそれぞれ異なるため、採種技術も一様ではない。採種の基本は、どのようにして交雑可能な異品種もしくは異種類の花粉の飛び込みを防いで、純粋な種を採るかということであるが、異品種から数百メートルも隔離しなければならないような採種方法では、家庭菜園程度の小規模な栽培での実用性はない。そこで、少し労力がかかり、また、採種効率は悪くなるが、小規模でも純粋に採種できる方法を考えねばならない。

●その1　周辺部への背の高い障壁作物の栽培

野菜類の花粉は一般に粘りが強く、このため人間を含む多くの動物の体に付着して運ばれ、受粉される例が多い。この場合の動物は昆虫が圧倒的に多いため、これを虫媒《ちゅうばい》という。

ところが、なかには粘りがほとんどなく、さらさらした花粉を持つものがある。このような花粉の多くは、風によって飛ばされて雌の花器に到達し、受粉される。これを風媒《ふうばい》というが、その代表がホウレンソウとトウモロコシである。

ホウレンソウは雌花と雄花《おばな》が別々の株につく雌雄異株が主体である。なかには雌花と雄花が同じ株に

ホウレンソウの花（写真・福田俊）

つく雌雄同株もあるが、いずれにしても雄花でできた花粉が雌花に到達して受粉される。それが風によって行われるため、ことは面倒であるが、まず、採種しようとする株の周囲に、外部から飛んでくる異品種の花粉を防ぐための背の高い障壁作物を植える必要がある。同時に採種場所から数メートル以内の異品種の開花株を完全に抜き取る。

障壁作物の種類は一般に麦類が適しているが、家庭菜園などではそれ自体も野菜として収穫できる蔓性のエンドウや大型のソラマメなどが合理的と考えられる。

●その2　雌花への袋かけと人工交配

雌雄の花が違う種類では、開花前の雌花に袋かけをして袋内で開花させ、別の場所で開花させた純粋な雄花を人工交配して、再び袋かけをする。着果を確認した後、袋を取り除いて、果梗《かこう》に交配日を記したラベルをつける。

雌雄の花が異なる代表的な品目はウリ科とトウモロコシ、アスパラガス、ホウレンソウなどであるが、とくに上記の作業を行うのはウリ科である。ウリ科は、現在日本で栽培されているメロン類（マクワウリやシロウリを含む）を含めてほとんどが雌雄同株異花である。ヤサイカラスウリのような雌雄異株の種類もあるが一般的でない。

メロンの開花（写真・福田俊）

作業は、着果可能な状態にまで生育し、正常な果実が得られると思われる節位《せつい》に着生した翌朝開花すると思われる雌花に、前日の夕方、袋かけをする。同時に翌朝開花すると思われる雄花を採り、茶碗などに入れてその上からラップをかけ、常温の室内に

〔種採りのコツと難易度〕

マメ科　エダマメ、インゲン、エンドウ、ソラマメなど

ソラマメ以外はほとんど交雑することがないので、種採りがしやすい。
畑で熟した豆から種を採る

ナス科　トマト、ナス、ピーマン、トウガラシ、シシトウなど

一つの花があれば受粉することができるので交雑は少ない。ただ果実から種を採るやり方に工夫がいる

ウリ科　キュウリ、カボチャ、スイカ、ゴーヤー、トウガン、メロン、マクワウリ、シロウリなど

虫媒花で自然交雑しやすいので、純粋な種を採るためには人工交配をする。
早朝、花が開いたときに行う

アブラナ科　ダイコン、カブ、ハクサイ、コマツナ、キャベツ、ブロッコリーなど

自家不和合性を持つ代表的な野菜。
まわりの類似種と交雑しやすいので、種採りには細心の注意が必要

注）① 印が多いほど難易度が高いことを示す
② 「やさい畑」2006年春号「種を採る」（監修・船越建明、取材と文・さとうち藍・家の光協会）をもとに加工作成

置く。

夕方開花するユウガオやヒョウタンでは、当日開花すると思われる雌花への袋かけと雄花の採取を早朝に行い、採取した雄花は日の当たらない場所に置く。

ここで用いる袋は、グラシン紙という光の入りやすい紙を使って、自分でつくる。大きさは一八cm×一二cm程度で十分である。

雄花の数は、花粉の多いカボチャやトウガン、雌花が完全花であるメロン類では一雌花当たり一花、花粉の少ないキュウリ、スイカ、ユウガオなどでは二～三花必要である。

文房具店などで市販されているグラシン紙（パラフィン紙の一種）

花の大きさなどに合わせ、閉じやすいように切っておく

自然界でのウリ科の受粉はほとんどが昆虫によって行われる。蜜を蓄えた雌花への訪花は一つの花に数回行われるのが普通で、そのたびに受粉が行われるため、たくさんの充実した種子ができる。一方、人工交配は一回のみであるため、充実した種子を多く採るためには交配時に健全な花粉をたくさんつける必要がある。

カボチャやトウガンのように大きい花弁《かべん》を持つ種類では、袋かけや雄花の保存時に花弁の三分の一程度を除去すると、その後の作業が楽になる。

あの大きい花弁は昆虫に交配を行ってもらうために必要な衣装にすぎない。人工交配を行う場合、大きい花弁は邪魔にこそなれ何の役にも立たないのである。

トウモロコシの受粉は一回では終わらない。

トウモロコシの柱頭《ちゅうとう》（雌しべの頂端）は果実一粒に一本ずつついており、それが固まって集まって毛髪のようになっている。雌穂《しずい》の下方の胚珠《はいしゅ》からの柱

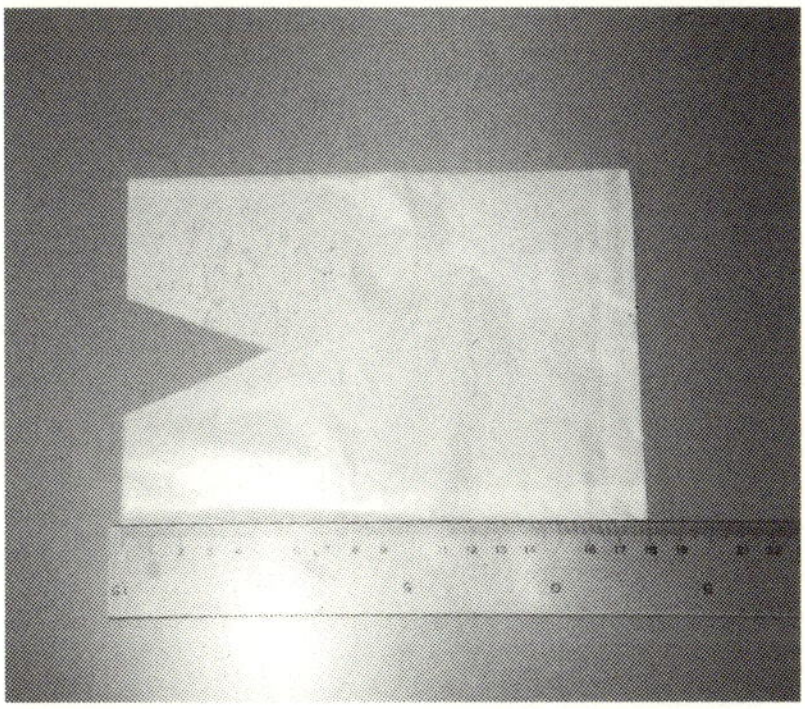

①グラシン紙(パラフィン紙)を用意し、花の大きさに合わせ、形をつくっておく

②交配日前日の雌花(キュウリ)。雌花は雄花の根元に比べ、膨らみがある

③雌花に袋をかけ、元の部分を閉じるようにする

④交配日当日、シャーレの中で開花した雄花（開花日前日、切り取っておく）

⑤雄花の雄しべを雌花の雌しべにつけ、交配月日を書き、再び雌花に袋をかける

⑥結実肥大した果実。袋を除去し、交配日を記入したラベルをつける

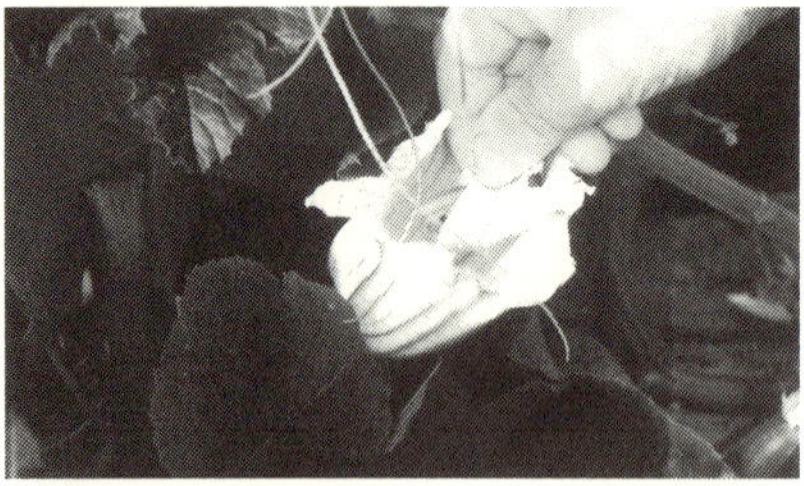

雄花の雄しべを雌花の雌しべにこすりつけ、交配させる

カボチャの花弁の3分の1程度を除去。大きい花弁の場合、作業しやすいように切除

交配作業後、袋に交配月日を記入し、再び雌花に袋をかける

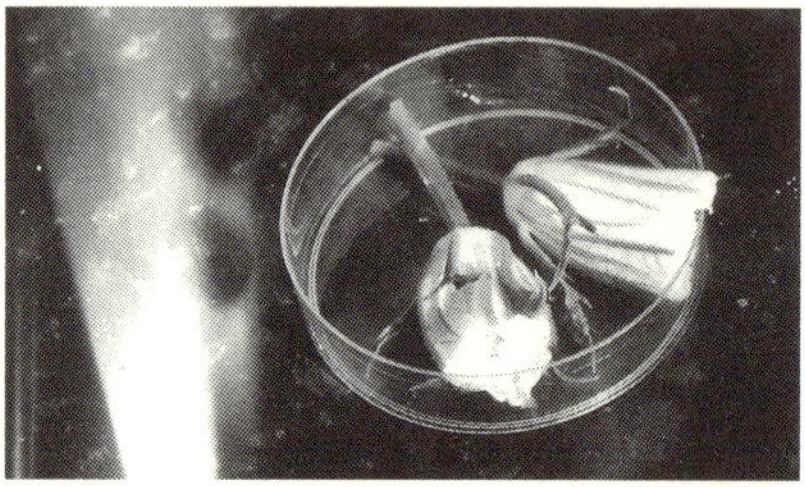

交配当日、シャーレの中で開花した雄花（花弁を切除しているので保存は容易）

頭ほど早く伸びて受精能力を持つようになるが、穂の最上部の胚珠からの柱頭が伸びて受精能力を持つようになるまでにはその後数日必要である。

人工交配のためには、雌穂の成熟が始まる前に丈夫なクラフト紙でつくった長形1号（例えば一四二×三三二㎜）くらいの袋を雌穂にかけておき、雌しべの抽出（雌穂の先端に髪の毛のような雌しべが出てくること）が始まったら早朝に袋をはずし、雄《ゆう》穂《ずい》をたたいて授粉する。

その後は再び袋をかけ、これを数日繰り返す。一本の雄穂だけでは、同一株の雌穂を完全に受精させるだけの期間花粉を放出することはできない。

●その3　防虫網で採種株全体を覆う網かけ

ナス科の花は完全花《かんぜんか》（萼《がく》・花冠《かかん》・雄しべ・雌しべのすべてを備えた花）で、花粉は粘りが強く自家受粉率も高いため、株全体を防虫網で覆い外部からの訪虫による異品種の花粉の飛び込みを防いで、結実させる。網の中の周辺部に咲いた花では網の外からの吸蜜などによる交雑のおそれがあるため、網の内

中心部に植えた採種予定株に防虫網をかける

エンドウの開花（うすいエンドウ、写真・山根成人）

部で結実した果実から採種する。

防虫網は市販されていないので、自分でつくる。幅二・一mの白の寒冷紗を四～六mの長さに切った後、まず両端を合わせてミシンで縫い、筒状のものをつくる。天井部分にするために筒の一方を短辺約一m、長辺一～二mの長形になるようにミシンで縫い、箱型の袋にする。

小規模の場合は、開花前の花に紙袋をかけ、開花後晴天時に袋をたたいて受粉させる方法もある。この場合、花（もしくは花房）の大きさによって袋の大きさを変える必要があり、少し繁雑である。

トマトやピーマン、トウガラシ類では熟せば着色するためその必要はないが、ナスでは、結果を見たらおおよその結果月日を書いたラベルを果梗につけておくと、収穫期を決めるのに都合がよい。

マメ科ではほとんどの種類が開花した時点で受粉を完了しているか、開花後も自家受粉するため交雑することは少ないが、唯一、ソラマメは交雑の危険性がある。これは花の構造によるところが大きく、旗弁《きべん》と龍骨弁《りゅうこつべん》の間に虫が入ることにより起こるといわれている。

したがって、枝数の整理をした後、虫が訪花しないように網かけを行う。

●その4　株の網かけと人工交配

シュンギクには自家不和合性《ふわごうせい》（自分の株の花粉では受精不能の性質）の強い系統があり、これらは網かけをするだけでは結実しにくい。したがって、網かけと同時に人工交配が必要である。シュンギクの花は小さい花が多数集まった頭状花序《とうじょうかじょ》（花序とは茎または枝につく並び方。または花をつけた茎、枝）であり、開花は一番外側の舌状花《ぜつじょうか》から始まり、その内側にある筒状花《とうじょうか》に引き継がれて内側に向かって進行する。

人工交配は八割程度開花した花を対象に行う。

ネギ類の花粉は粘りが強く、風では飛びにくい。網かけをしただけでは株間《かん》の花粉の交換が不十分で、人工交配の効果が高い。

いずれも採種株の数にもよるが三～四日ペースで数回行えば相当量の種が採れる。


アスパラガスは雌雄異株で花粉は粘りが強い。交配は虫媒によって行われる。草丈が二mを超えて大きくなるため、茎の頂部を五〇cm程度切除した後、網かけを行い、開花が始まったら数回人工交配を行って結実させる。

●その5　網かけと周辺部への同種株の植えつけ

交配のほとんどは虫媒で行われるが、一部風媒でも行われる種類では、自然状態では交雑の頻度がきわめて高い。このような種類では採種の効率は悪くなるが、採種予定株を中心部に植え、それを取り囲むように周辺部にも同じ品種の株を植えるとよい。そうしておいて周辺部の株が満開になった時点で採種予定株のみに防虫網をかける。このとき採種予定株ですでに開花、結鞘《けっしょう》している花および鞘《さや》（マメ科は莢《さや》）はすべて摘除する。そして、防虫網をかけた株からのみ採種する（莢とはマメ科植物の種子を覆う殻。果皮の一種で成熟すれば裂けて種子を散らす）。

周辺部に植えた株は、外部から採種株への交雑可能な花粉の飛び込みを防ぐとともに、自らは採種株

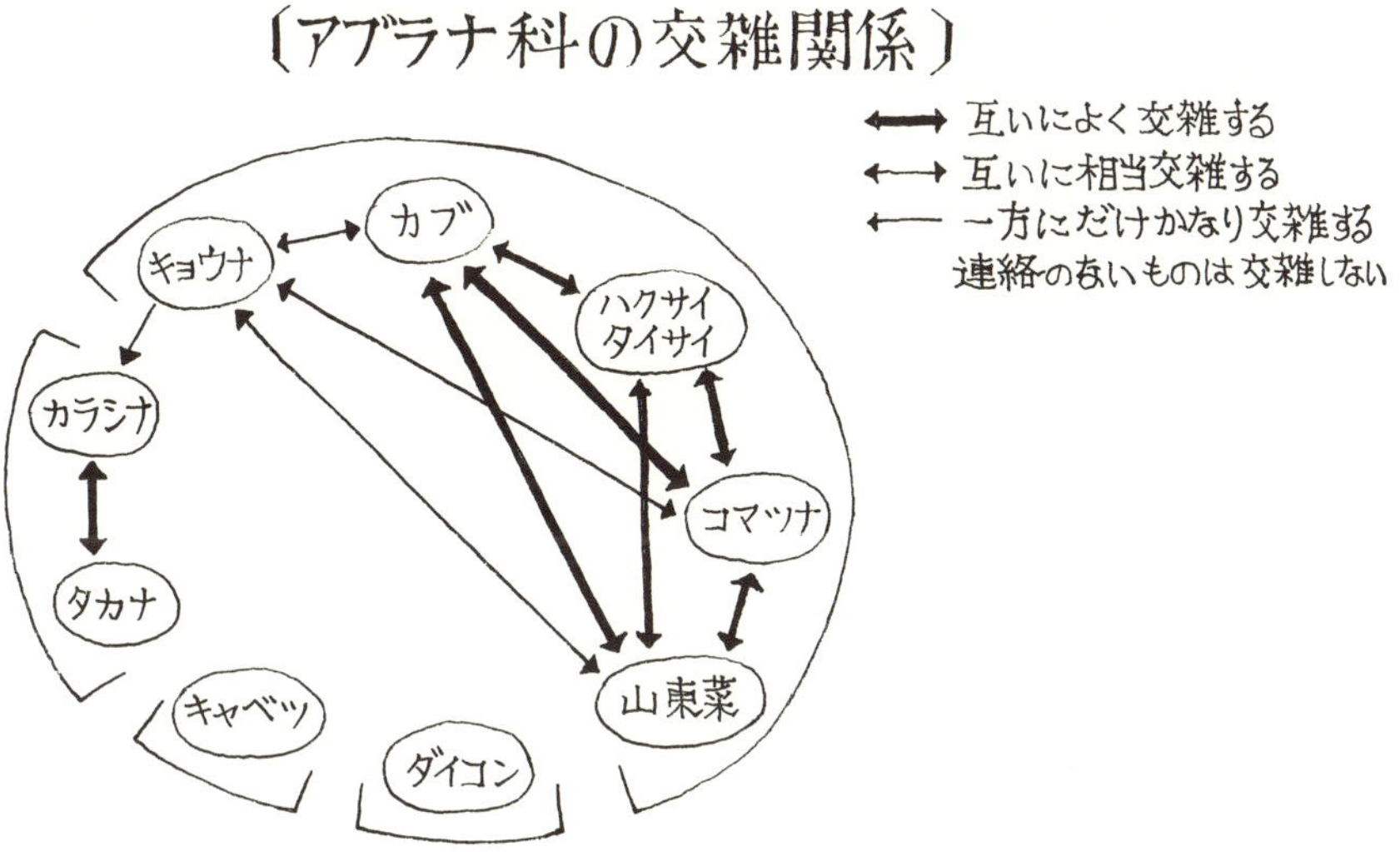

注）①『野菜の採種技術』（そ菜種子 生産研究会編、誠文堂新光社）より
　②井上氏改写

採種予定株を中心に植え、取り囲むように同じ品種の株を植える。防虫網をかけた株からのみ採種する（写真はヒロシマナ）

への花粉の供給源となり、種子純度の維持と結実数の増加に寄与する。

実際に、採種株の周辺部に同一品種を植えつけず、採種株の網かけのみで採種した場合、採種量は少なく、また、交雑による変異株の発生率も高い。この原因は、風による外部からの交雑可能な異種類の花粉の飛び込みとともに、網に接した部分の花への外部からの吸蜜によって起きる交雑が原因と考えられる。

交配日を記録したラベルを果柄につけておくようにする(写真はナス科のパプリカ)

このような採種法の必要な種類は、アブラナ科、セリ科などである。

●収穫時期の決定

一般の種類では種子の入っている鞘《さや》（マメ科は莢《さや》）や蒴《さく》、もしくは花被《かひ》（萼と花冠の総称。花蓋《かがい》）が褐色～黒色に着色することで、収穫時期を決定することができる（蒴＝蒴果＝アサガオ、ケシ、アブラナ科などの実に見られる乾性の子房の発達した果実で、熟すると縦裂して種子を散布する）。

しかし、果実の中にある種子の熟度の判定は、果実の着色だけでは困難な種類もある。

したがって、ウリ科やナス科のナスなどでは交配日（大まかでよい）を記録したラベルを必ず果柄につけておく。

こうしておいて、その後の天候の推移やその品種の果実の大きさなどから類推して収穫日を決める。交配後に晴天で気温の高い日が続くようだと成熟期間は短くなり、反対に曇雨天が続く場合は長くなる。また、同じ種類でも果実の大きさが大きい品種は小さい品種に比べて熟成に時間がかかる。

優れた種子の選別、調製と貯蔵

●収穫、調製と優良種子の選別

鞘（マメ科は莢《さや》）や蒴に入っている種子は、鞘・莢や蒴の八割程度が着色したころに茎をつけたまま刈り取り、雨よけ施設の中もしくは雨のかからない軒下の風通しのよい場所などに吊して乾かす。

マメ科のなかには乾燥中に莢がはじけて中の種子が飛び出すものがある（例：エダマメ）。このような種類では、やや深めの洗い桶やボールなどに莢がはじける前に収穫したものを入れ、その上を新聞紙などで覆った後に乾燥させる。

収穫量はボールの深さの半分程度とする。

よく乾いたら、鞘・莢に入った種類は鞘・莢をたたくかむいて種子を取り出し、ふるいにかけるなどして大きいゴミを取り除いた後、風選《ふうせん》もしくは水選する。さらに病害虫に侵されているものや発根したもの、割れたもの、小型で未熟なものなどをピンセットで取り除き、完熟した優良種子のみを選別する。

蒴に入った種子は、蒴のまま茎からはずして同様に調製選別する。

ウリ科では、収穫後数日間涼しい場所に置いて追《つい》熟《じゅく》の完了した果実から種子を取り出し、水中で種子の表面に付着している胎座《たいざ》の一部などの不要物を取り除き、カボチャを除いて水中に沈んだ種子のうち、正常なもののみを紙もしくはボール、トレー、バッ

ダイズの莢が着色したころ、茎をつけたまま刈り取り、莢ごと乾燥させる（写真・明峯哲夫）

採種のため、ナスの果実に切れ目を入れ、日の当たる場所で乾燥させる

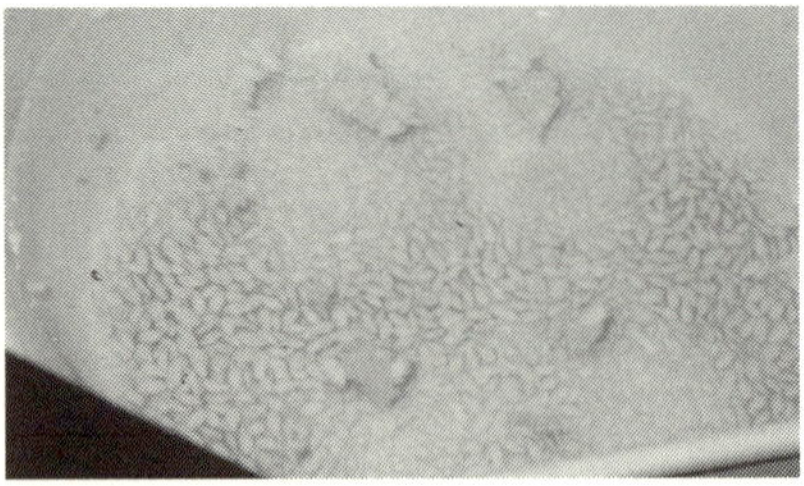

水中で種子の表面に付着している不要物を取り除く（写真はウリ科のトウガン）

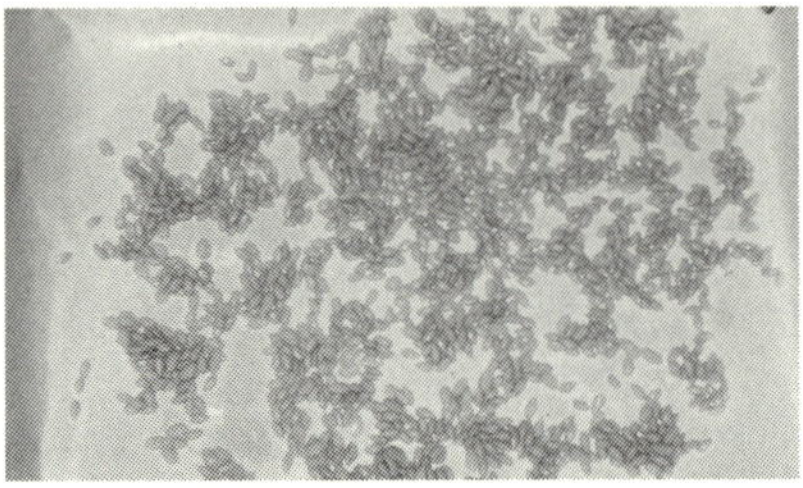

水中に沈んだ種子のうち、正常なもののみを紙などの容器に並べて乾燥させる

トなどの容器内に並べて乾燥する。カボチャは種子の比重が小さいため浮きやすいので、浮いた種子でも厚みのあるものは採種する。ちなみに追熟とは収穫期の脱落などを防ぐため、早めに果実を収穫し、後で完熟させることで、後熟《こうじゅく》ともいう。

ナス科では、種類によって果実からの種子の取り出し方に違いがある。トマトではまず熟した果実をつぶしてビニール袋に入れ、二～三日発酵させたのち、種子の表面についた胎座の残骸などを水中で取り除き、充実した種子のみを選別採種する。ナスでは種子が果実全体に分散しており、そのままでは取り出しにくいため、果実に平行にナイフで数本の切れ目を入れて日の当たる場所に吊し、半乾きの状態になったものから充実した種子のみを取り出す。

トウガラシやピーマンなどでは熟した果実から完熟した種子をそのまま取り出せばよいが、辛味成分の多い品種では辛味成分が薄いゴム手袋を通して手に付着するため、採種の途中で不用意に目などを触らないよう注意することが必要である。

シュンギクやゴボウなどキク科の種子は総苞《そうほう》（キ

〈種子の乾燥法〉

ネギは6月上旬に種が黒くなるので
ネギ坊主の部分を刈り取る。日陰
で乾燥させ、手でもんで種を採る

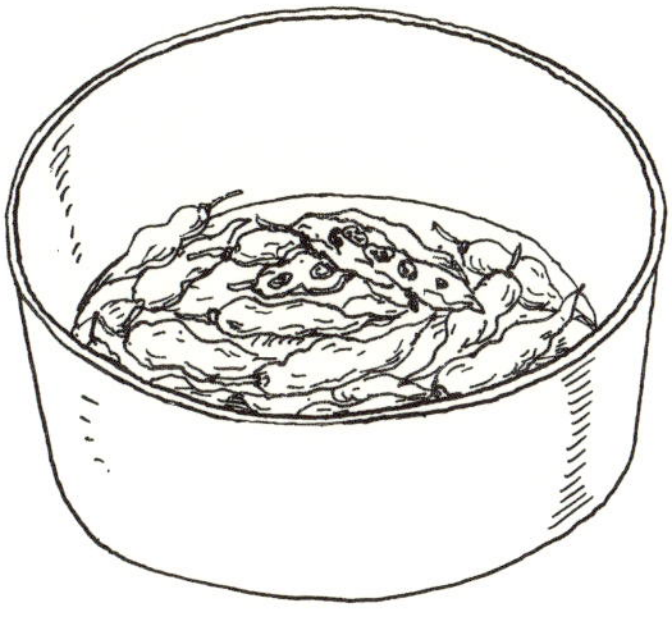

ダイコンの茎を雨のかからない軒下
もしくはビニールハウス内で乾燥さ
せる。鞘を枝からもぎ取り、種子を
取り出す

ク科植物の頭状花などに見られる苞の一種で、花序全体の基部を包むもの）に、ネギ類やアスパラガスなどユリ科の種子は花被にそれぞれ包まれているため、これらをほぐして種子を取り出した後に、風選《ふうせん》または水選によって調製する。

セリ科では、完熟種子が萼の外に露出している種類も多いが、採種は小花柄《しょうかへい》も含めて行い、よく乾燥させた後、手でもんで種子を小花柄から落とし、ニンジンのように種子に毛が生えている種類では、この毛もよく落としたのちに風選して調製する。

●種子の乾燥

選別した優良種子はただちに乾燥する。

とくに水選した種子は、早く乾かさないと発根したり表面にカビを生じたりして種子として利用できなくなる。この点を考慮して、水選する種子の調製作業は必ず晴天日の午前中に行い、日の当たる場所に薄く広げて時々かきまぜるなどの作業をしながら、その日のうち、もしくは翌日の日中までに種子の表面についた水分を完全に取り除けるように心がける。

なお、陰干しをする場合、室内で一週間程度実施する。外の風通しのよい場所などで干す場合、動物がひっくり返したり、ゴミが入ったりしないように注意をする。夜間は室内に取り込むようにする。

貯蔵中の種子に含まれる水分は、重量で八％程度が理想とされているが、自然状態でここまで乾燥させることは難しい。

人工的には低温の除湿装置があれば可能であるが、この装置は農業ジーンバンク（遺伝子銀行）など種子の貯蔵を専門とする機関でないと持つのが困難ではなかろうか。そこで、自然状態で乾燥させた種子を紙もしくは布製の袋に入れて家庭用の冷蔵庫に収納することをおすすめする。冷蔵庫内はつねに乾燥しているため、種子から余分な水分を取り除いてくれる。

この場合、必要なことは、種子からの水分が飛びやすい布やクラフト紙の袋に入れて貯蔵することである。市販の乾燥剤や菓子箱などに入っている乾燥剤と一緒に茶筒などの缶内で貯蔵する方法は、乾燥だけだとある程度の効果は期待できる。しかし、後に述べる貯蔵に適した温度条件を考えると、冷蔵庫貯蔵が理想的である。

●種子の休眠とその打破

野菜のなかには採種後そのままでは一定期間発芽しない種類がある。これを休眠という。

休眠の起こる原因は採種直後の胚が未完成な状態にある場合で、休眠中の種子の中では発芽可能な状態になるように準備が行われている。この間、胚を保護している種皮は外から水やガスが入らないような構造になっていたり、大量の発芽抑制物質が蓄積されていたりする。

休眠のある種類はアブラナ科、アカザ科、キク科、セリ科などが主体であるが、ユリ科のニラにも認められており、ウリ科のメロンのなかにも深い休眠を持つ品種がある。

休眠を打破するには、一般に二〜三時間水浸後、水切りした状態で五℃程度の低温下に三〜七日間置く。アカザ科のホウレンソウやビートのような大型の萌に入った種子では、萌に含まれる大量の発芽抑制物質を除去するため、一晩程度低温の流水に浸漬《しんせき》後よくもむ。

ジベレリンやチオ尿素・硝酸カリなどの化学物質で処理する方法もあるが、これらの処理を行う場合は「国際種子検査規程」の記述が参考になる。

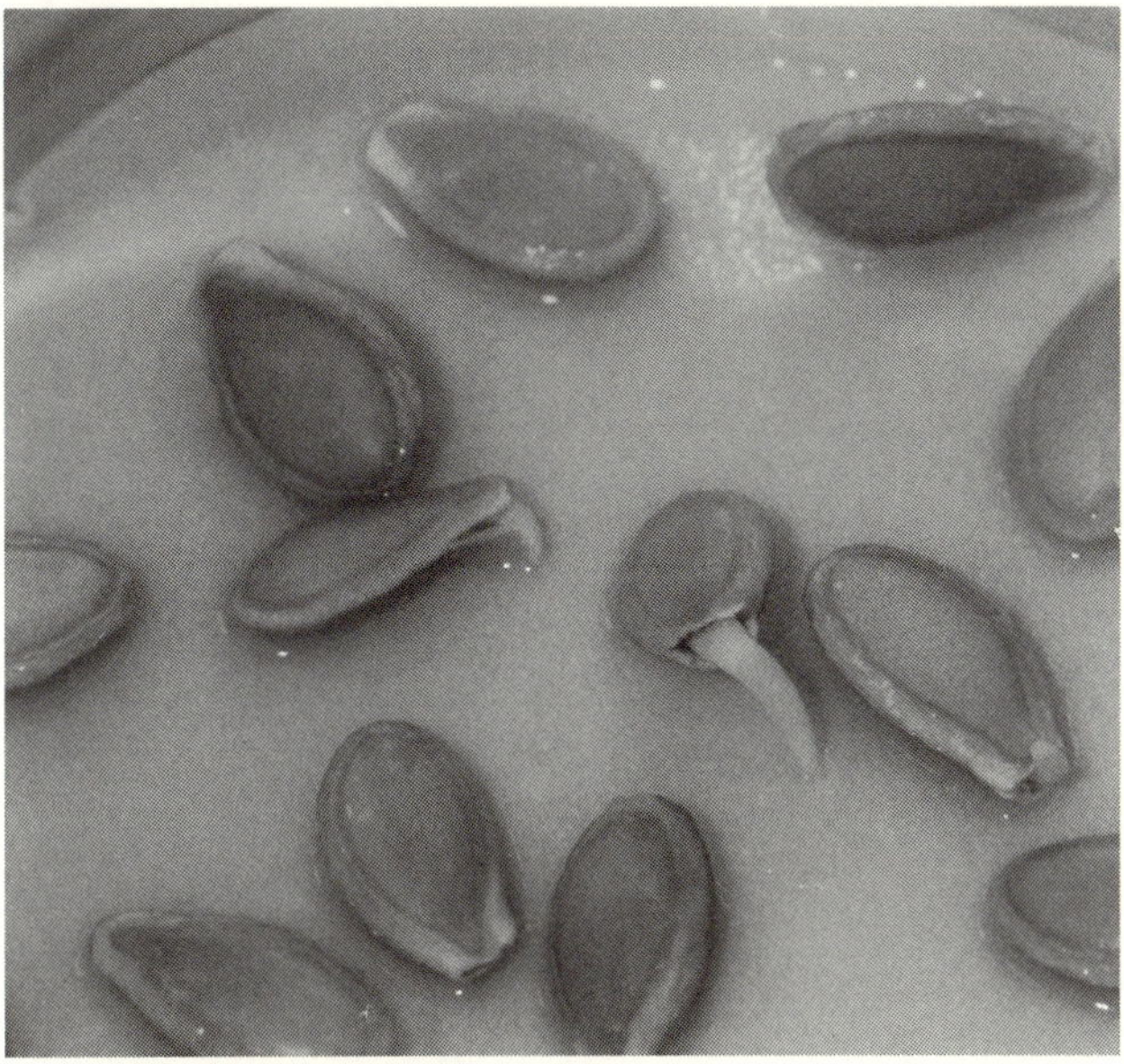

カボチャの発芽試験（試験開始５日目）

●種子の発芽調査

採種した種子が高い発芽力を確実に持っていることを確かめるために、発芽調査を行う必要がある。農業ジーンバンクでは「国際種子検査規程」に基づいて発芽試験を行っているが、一般にも参考になると思われるので次頁に載せておく。

前述した休眠のある種子については休眠打破の処理を行わねばならないが、休眠のない種子では選別直後に行ってよい。

調査に用いる種子数は、ウリ科など大型の種子は二〇粒程度、アブラナ科など小型の種子は四〇粒程度で十分である。

径一〇㎝程度の小皿などにティッシュペーパーを四つ折りにして敷き、これが十分に湿るだけの水を与える。この上にほぼ同じ間隔になるように種子を並べる。

大型種子の場合は、さらにこの上に四つ折りにしたティッシュペーパーを置いて水を与える。つまり、大型種子では小型種子に比べて種子の吸水量が多い

フエンネル	TP；BP	20－30	7	14	－
ダイズ	BP；S	20－30；25	5	8	－
オクラ	TP；BP；S	20－30	4	21	－
エンサイ	BP；S	30	4	10	－
レタス	TP；BP	20	4	7	予冷
ユウガオ	BP；S	20－30	4	14	－
ガーデンクレス	TP	20－30；20	4	10	予冷
トカドヘチマ	BP；S	30	4	14	－
ヘチマ	BP；S	20－30；30	4	14	－
トマト	TP；BP	20－30	5	14	KNO_3
ニガウリ	BP；S	20－30；30	4	14	－
クレソン	TP；BP	20－30	4	14	－
オレガノ	TP	20－30；20	7	21	－
パースニップ	TP；BP	20－30	6	28	－
パセリー	TP；BP	20－30	10	28	－
ベニバナインゲン	BP；S	20－30；20	5	9	－
ライマビーン	BP；S	20－30；25	5	9	－
インゲン	BP；S	20－30；25；20	5	9	－
食用ホウズキ	TP	20－30	7	28	KNO_3
アニス	TP；BP	20－30	7	21	－
エンドウ	BP；S	20	5	8	－
シカクマメ	BP；S	20－30；30	4	14	－
ダイコン	TP；BP	20－30；20	4	10	予冷
ルバーブ	TP	20－30	7	21	－
ローズマリー	TP	20－30；20	7	28	－
スイバ	TP	20－30	3	14	予冷
キクゴボウ	TP；BP	20－30；20	4	8	予冷
ナス	TP；BP	20－30	7	14	－
ホウレンソウ	TP；BP	15；10	7	21	予冷
食用タンポポ	TP	20－30；20	7	21	－
ツルナ	BP；S	20－30；20	7	35	果肉除去，予洗
タイム	TP	20－30；20	7	21	－
サルシフイー	TP；BP	20	5	10	予冷
ソラマメ	BP；S	20	4	14	予冷
ササゲ	BP；S	20－30；25	5	8	－
トウモロコシ	BP；S	20－30；25；20	4	7	－

TP：紙の上　BP：紙の間　S：砂　KNO_3：水のかわりに0.2%硝酸カリ溶液を使用　予冷：2～3時間水浸後水切りした状態で5℃以下の低温に3～7日置く　発芽勢：発芽能力のある種子が一気に元気よく発芽するのに必要な日数　発芽率：発芽能力のある種子が発芽するのに必要な最終日数

表　野菜種子の発芽試験要領*

種　類	規　定				休眠打破法その他
	発芽床	温　度	発芽勢	発芽率	
タマネギ	TP；BP	20；15℃	6日	12日	予冷
ネギ	TP；BP	20；15	6	12	予冷
リーキ	TP；BP	20；15	6	14	予冷
チャイブ・アサツキ	TP；BP	20；15	6	14	予冷
イノンド	TP；BP	20－30；10－30	7	21	予冷
チャービル	TP；BP	20－30	7	21	予冷
セルリー	TP	20－30	10	21	予冷；KNO_3
ラッカセイ	BP；S	20－30；25	5	10	除殻；予熱(40℃)
アスパラガス	TP；BP；S	20－30	10	28	－
ビート	TP；BP；S	20－30；20	4	14	予洗2～4時間25℃以下で乾燥
ルリジサ	TP；BP	20－30；20	5	14	－
タイサイ類	TP	20－30；20	5	7	－
カラシナ類	TP	20－30；20	5	7	予冷；KNO_3
ナタネ	TP	20－30；20	5	7	予冷
ルタバガ	TP	20－30；20	5	14	予冷
クロガラシ	TP	20－30；20	5	10	予冷；KNO_3
キャベツ	TP	20－30；20	5	10	予冷；KNO_3
ハクサイ	TP	20－30；20	5	7	予冷
カブ	TP	20－30；20	5	7	予冷；KNO_3
トウガラシ属	TP；BP	20－30	7	14	KNO_3
キャラウエイ	TP	20－30	7	21	－
エンダイブ	TP	20－30；20	5	14	KNO_3
チコリー	TP	20－30；20	5	14	KNO_3
スイカ	BP；S	20－30；25	5	14	－
モロヘイヤ	TP；BP	30	3	5	－
コリアンダー	TP；BP	20－30；20	7	21	－
メロン	BP；S	20－30；25	4	8	－
キュウリ	TP；BP；S	20－30；25	4	8	－
セイヨウカボチャ	BP；S	20－30；25	4	8	－
ニホンカボチャ	BP；S	20－30；25	4	8	－
ペポカボチャ	BP；S	20－30；25	4	8	－
クミン	TP	20－30	5	14	－
アーテイチョーク	BP；S	20－30	7	21	－
ニンジン	TP；BP	20－30；20	7	14	－
フジマメ	BP；S	20－30；25	4	10	－
キバナスズシロ	TP；BP	20	4	7	－

＊国際種子検査規程より作成（同一欄に複数事項のある場合はこのいずれでもよいことを示す）

収集した種子を保存冷蔵室の棚に区分けして保存する

保存冷蔵室(広島県農業ジーンバンク)

ため、ティッシュペーパーをサンドイッチ状にして種子をはさんで種子に大量の水を与える。超大型種子である大型マメ類などでは、このようなやり方でも水分が不足するため、発芽試験の途中で水の補給が必要である。また、一皿に並べる種子数も調整する必要があり、一寸ソラマメやナタマメなどでは五粒程度となろう。

発芽試験はよく洗った砂を平鉢などに詰めた砂床にまいて行うこともできる。この場合、種まき時に十分水やり(灌水《かんすい》)をしておけば、その後の水の補給はほとんど必要ない。なお、当然のことだが肥料は施用しない。

発芽に必要な温度条件は大部分の種類で二〇~三〇℃の範囲にあるため、夏季の室内で十分に試験が可能である。しかし、キク科、セリ科、ユリ科、アカザ科などでは二五℃を超えない条件でよく発芽するため、試験は少し涼しい場所もしくは時期に行う。

発芽試験の結果、八〇%以上の発芽率が確認されれば、冷蔵庫貯蔵で数年間、高い発芽率を維持することが可能である。しかし、野菜のなかにはシュン

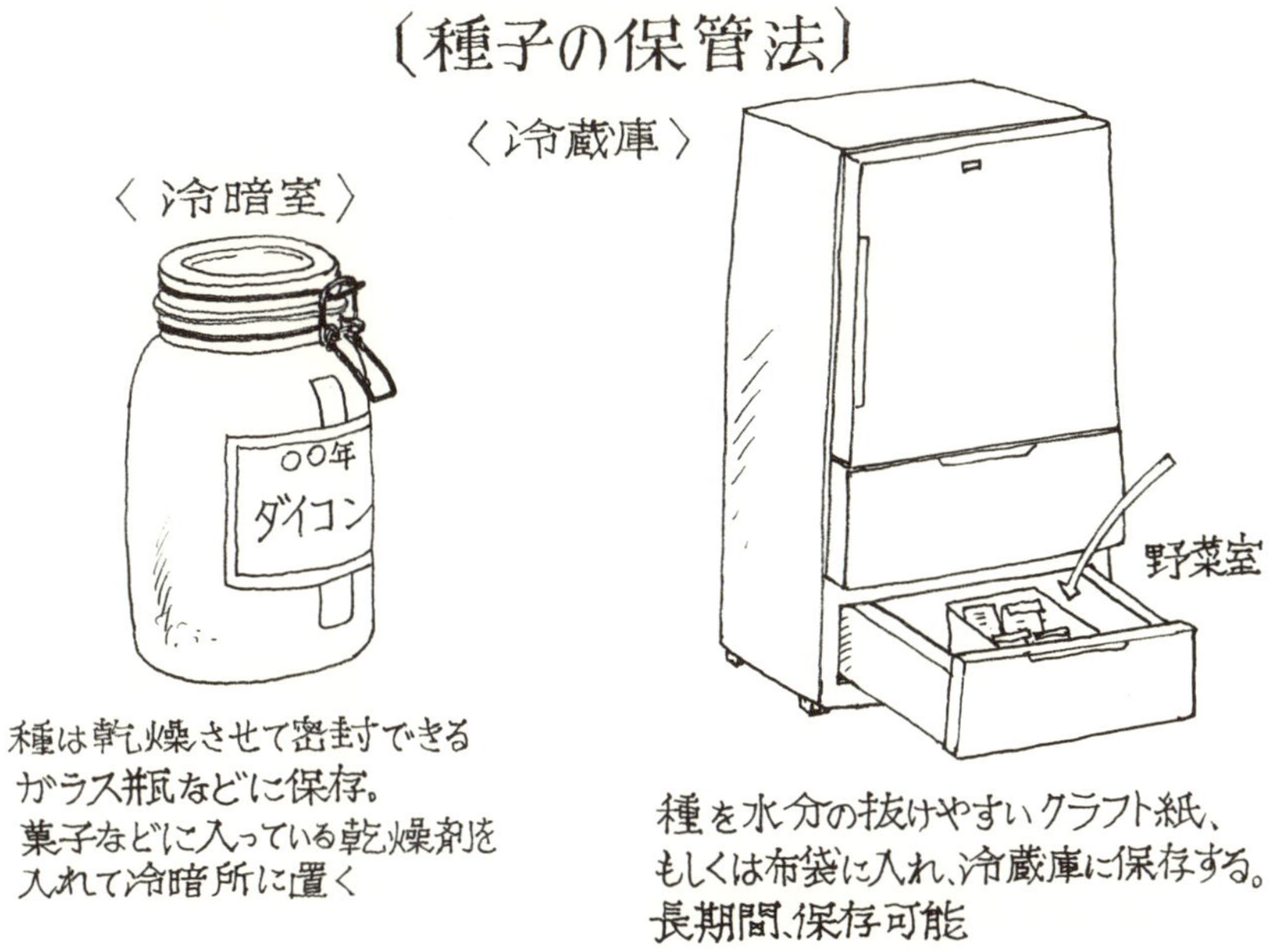
〈種子の保管法〉
〈冷蔵庫〉
〈冷暗室〉
〇〇年
ダイコン
野菜室
種は乾燥させて密封できる
ガラス瓶などに保存。
菓子などに入っている乾燥剤を
入れて冷暗所に置く
種を水分の抜けやすいクラフト紙、
もしくは布袋に入れ、冷蔵庫に保存する。
長期間、保存可能

ギクのように風選のみでは発芽率の向上に限界のある種類がある。このような種類では発芽率を五〇％程度に許容せざるをえない。

●種子の保存

種子の消耗や活力低下を防ぐには、低温で、乾燥した条件の下で保存する必要がある。これまでの研究結果を参考に経済性も含めて広島県の農業ジーンバンクでは、長期貯蔵庫を気温マイナス八±二℃、湿度二〇～三〇％、短期貯蔵庫を気温〇±一℃、湿度二〇～三〇％で管理している。

筑波にある国の農業ジーンバンクの種子貯蔵庫の環境も、ほぼこれに近いと聞いている。

ところで、一般の身近にある種子貯蔵場所としてもっとも適しているのは、家庭用の冷蔵庫である。最近では家庭用の冷蔵庫も大型化し内部に冷蔵室と冷凍室を備えているが、種子保存には野菜室などの冷蔵室で十分である。

冷蔵室の温度は三～八℃、湿度は三〇％前後に保たれているため、種子の活力を数年間維持することは十分可能である。

冷蔵庫の中の湿度は私たちが普段生活している自然条件に比べて低い状態に保たれているため、種子の長期保存中に種子に含まれている水分の一部をとって乾燥してくれる。

したがって、種子を保存する場合は、前にも述べたが、種子の水分が抜けやすいクラフト紙の紙袋、もしくは布袋に入れて保存することが大切である。袋に必ず品種名や採種・交配年月日などを記入しておく。

冷蔵庫で保存する場合、本能的にプラスチックの容器に入れたがるが、種子保存の場合これは駄目である。プラスチックの容器に入れて冷蔵庫内で保存した場合、種子の水分含量は入れた時の状態のままで減少しない。

そして、自然状態から冷蔵庫内に入れることによって温度が下がるため、容器内の空気が持つ水蒸気量（温度により異なる）が減少して余分の水蒸気が結露する可能性がある。そうなると種子の水分含量はむしろ増加するおそれがあり、種子の保存条件とすれば好ましくない。どうしてもプラスチック容器に入れたい場合は、必ず乾燥剤（菓子箱などに入っているものを生かしてもよい）を同封する。

なお、冷蔵庫が食品の収納庫と化して種子を入れるスペースがなかったり、保存する種子の量が多かったりした場合、かつてのように冷暗所で保存することになる。その際、紙袋やビニール袋、プラスチック容器などではなく、きちんとフタを閉めて密閉することができるガラス瓶（容器）などに乾燥剤とともに入れるようにしたい。ガラス瓶にはフタにゴム、もしくはゴム状の素材を装着したネジ式のもの、金具で固定するタイプのものなどがあり、各種そろっている。いずれにせよ、種子の寿命は冷蔵庫で保存した場合より短くなる。

家庭用冷蔵庫内での野菜種子の有効保存期間は、その種類本来の発芽年限の長短に平行しているようで、入庫時の発芽率が八〇％以上（シュンギクでは五〇％以上）の種子を対象とした場合、ネギ類で四年程度、ダイコンで八年程度と考えられる。

第２部

採種栽培と種の採り方

ネギの種は頂花の花被の中に

キュウリ

〈種子で繁殖する野菜〉ウリ科

採種に適した系統・品種

青大、青長地這、四葉、山東、毛馬ほか、地域の在来種。

採種栽培のポイント

畑づくり　一㎡当たり牛糞堆肥二kg＋苦土《くど》石灰一〇〇g、もしくはバーク堆肥二kg＋鶏糞三〇〇gを植えつけの一か月以上前に施用し、ただちに耕耘《こううん》後、幅約一mの畝《うね》をつくり、雨を見て全面に黒マルチを行う。

播種および育苗、定植　種子《しゅし》は三月下旬ころにハウス内の温床《おんしょう》に種まき（播種《はしゅ》）し、出芽《しゅつが》後、径一二cmの黒ポリポットに鉢上げし、本葉三枚程度になった苗を四月下旬にホットキャップ内に植えつける（定植する）。植えつけは地温が一五℃以上になってから行い、ただちに発根が開始されることが大切である。株間は約八〇cmと広くとる。

キュウリの結実、肥大。先端に花弁が残っている（写真・熊谷正）

管理　株が長期の負担に耐えられるよう十分に根を張らせることが大切である。病害虫の被害を考慮して一品種四～五株植えつける。気温が上昇してきたらキャップの頂部を破り、さらに生育が進めばキャップを除去し、キュウリネットに誘引する。

親蔓《つる》は一〇節《せつ》で摘心《てきしん》（茎の先端にある頂芽《ちょうが》を除去すること）し、五節以下の子蔓や果実は除去して、上位節から二～三本の丈夫な子蔓を伸ばし、これに着果させる。

交配　採種用の雌花《めばな》には人工交配《こうはい》を行う。夕方、翌朝開花すると思われる雌花にグラシン紙でつくった袋をかける。同時に翌朝開花すると思われる雄花《おばな》を袋かけをした雌花数の三倍程度採り、茶碗などに入れて、その上からラップをかけて乾かさないようにして室内に置く。

翌朝、気温が一八℃くらいに上昇したころを見計らって交配を始める。前日に袋をかけた雌花が開花しているのを確かめて袋をはずし、一個の雌花に二～三個の雄花の花粉を柱頭《ちゅうとう》（雌しべの先端）にまんべんなくつけ、再び新しい袋をかけてその袋に交配日を記入しておく。

前日にかけた袋は朝露に濡れているため、交配当

採種用の宍粟三尺キュウリ（兵庫県宍粟市の在来種、写真・田中康夫）

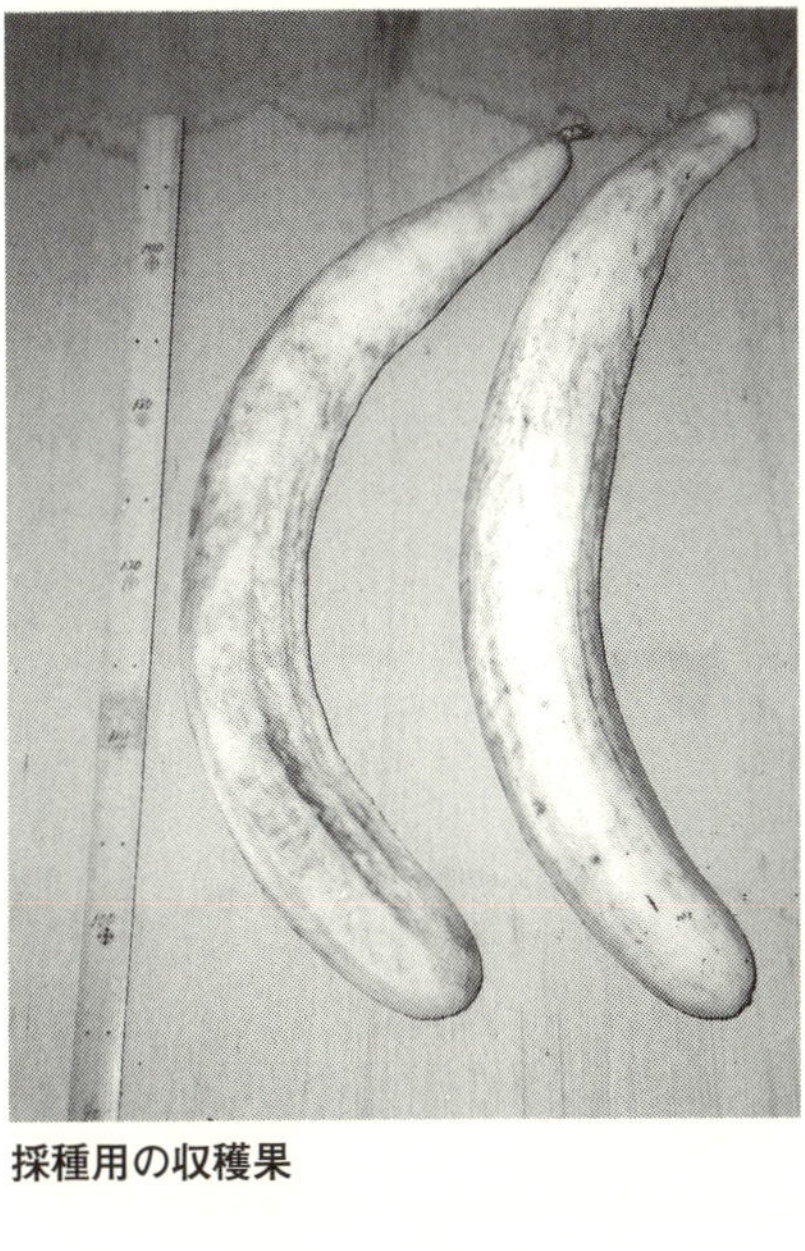

採種用の収穫果

日に再使用することはできないが、乾かせば後日の再使用は可能である。

このような作業を数日続ける。

交配後の管理　採種用の果実が成熟する間に次々と新しい果実が着果し肥大するため、これらの果実は青果物として利用可能な大きさになり次第、即座に収穫し、採種用果実の肥大充実に重大な支障をきたさないように配慮する。さらに、長期にわたり大きい担果負担を強いられる株を健全に保持するため、防除基準に沿って早めに薬剤散布を行う。

交配後四～五日経つと受精した果実が太りはじめる。かけている袋が破れるような状況にまで果実が肥大してきたら袋を取り除き、交配日を記入したラベルを果梗《かこう》につける。

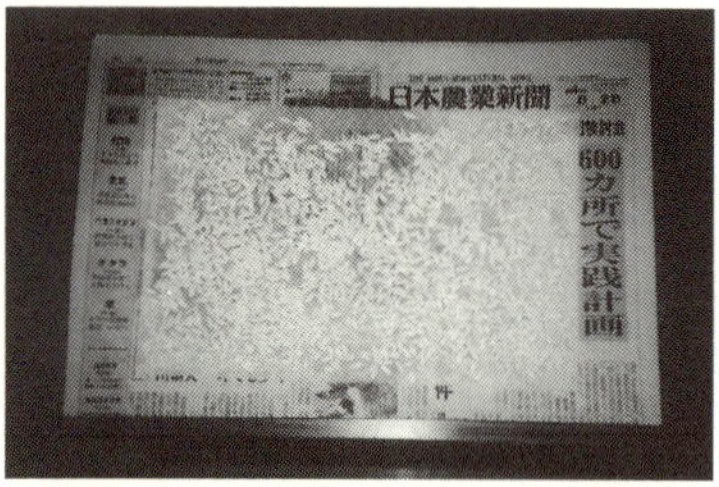

収穫果から種子を取り出し、水中に沈んだものを紙上に広げ、乾燥させる

乾燥させたキュウリの種子（どっこ）

一株当たりの採種用果実数は、大果種で三～四果、中果種で五～六果を標準とする。

採種の手順と種子保存

交配後採果までの日数は、大果種で約六〇日、中果種で約五〇日を目安とする。採果後五～七日涼しい場所に置き、追熟《ついじゅく》させた後、採種する。

追熟の完了した果実を縦割りし、種子をスプーンでざるなどに取り出す。水を加え、種子の表面に付着した胎座《たいざ》の一部などの不要物を取り除いた後、ボールなどに入れてよく水洗する。種子についた薄い袋も取り去る。

水中に沈んだ種子のうち、正常なもののみを紙の上、もしくはボールなどの容器内に広げ、その日のうち、もしくは翌日の日中までに天日乾燥する。さらに室内で一週間程度、陰干しをする。乾燥後、紙袋に入れ、冷蔵庫内で保存する。

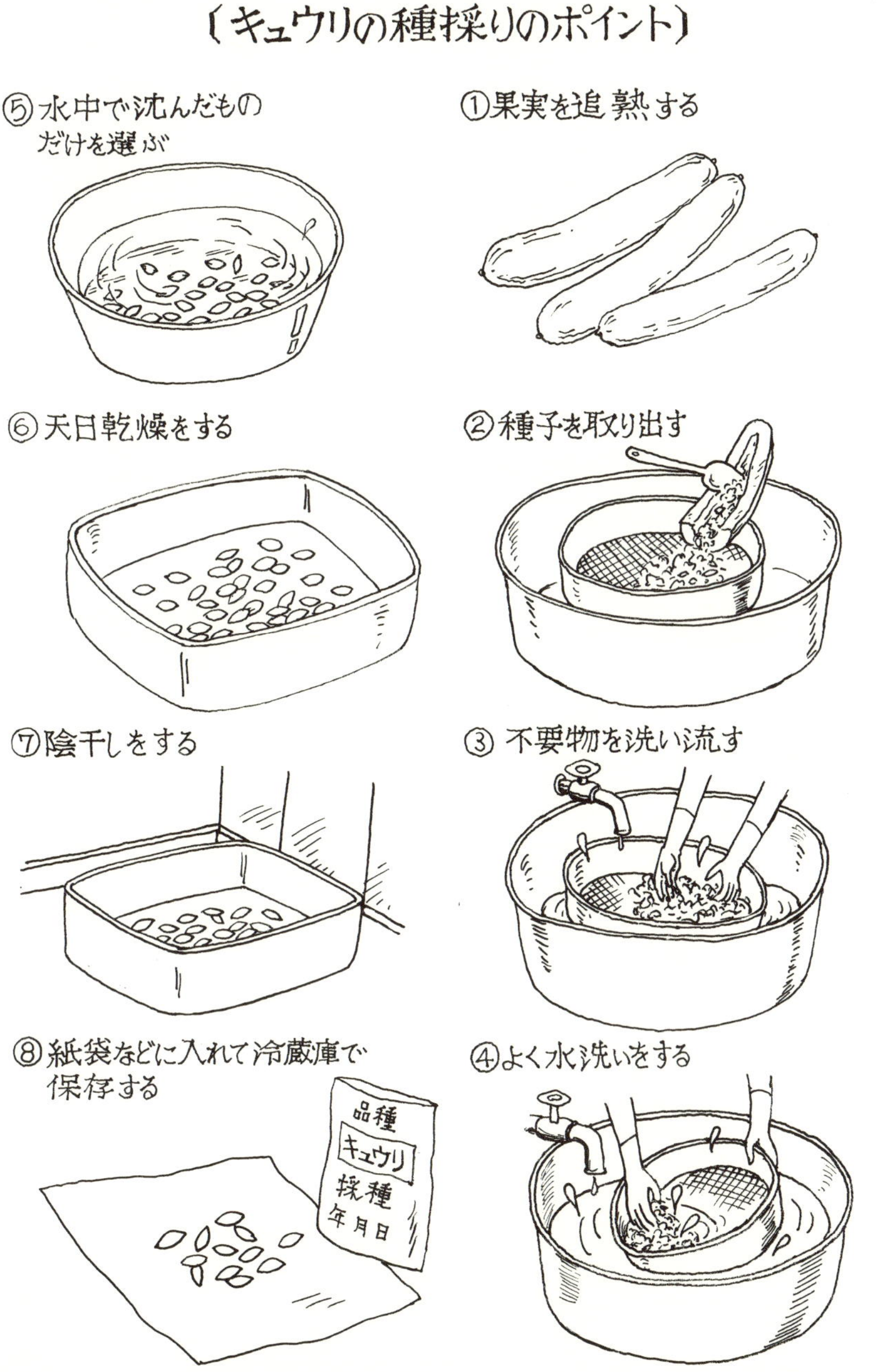
〔キュウリの種採りのポイント〕
①果実を追熟する
②種子を取り出す
③不要物を洗い流す
④よく水洗いをする
⑤水中で沈んだものだけを選ぶ
⑥天日乾燥をする
⑦陰干しをする
⑧紙袋などに入れて冷蔵庫で保存する
品種
キュウリ
採種
年月日

スイカ

〈種子で繁殖する野菜〉ウリ科

採種に適した系統・品種

旭、都、大和クリーム、こだま、嘉宝ほか、地域の在来種、育成種。

採種栽培のポイント

畑づくり　まず土壌病害防除のため、植えつけの数か月前にダゾメット粉粒剤を一㎡当たり二五g散布し、よく耕耘《こううん》しておく。雨を見て薬剤の気化を確認し、一か月に二回程度耕耘しガスを抜く。

一㎡当たり乾燥牛糞一・五kg+苦土石灰一〇〇g、もしくはバーク堆肥一・五kg+乾燥鶏糞二〇〇gを植えつけの一か月以上前に施用し、ただちに耕耘後、幅約二・五mの畝をつくり、雨を見て全面に黒マルチを行う。

育苗および定植　三月中旬にハウス内の温床に種まきし、出芽後、径一二㎝の黒ポリポットに上げて育苗し、本葉四枚程度になった苗を四月下旬にホットキャップ内に植えつける。株間は三m程度と広くとり、一品種二株程度とする。

管理　キャップ内の生育状況を見ながらキャップの頂部を破り、親蔓を五〜六節で摘心する。

生育が進めばキャップを除去し、蔓が畝全体に広がるように子蔓を配置する。蔓があまり伸びないうちに薄く敷藁《しきわら》を行って蔓を固定する。

その後、株元から発生する孫蔓以下のひこばえ(草木の根株から出た芽)はすべて除去し、株元に日が当たるように配慮する。子蔓の一五節までについた雌花はすべて切除する。

交配　一五節以上の雌花の開花が始まったら、交配作業を始める。作業はキュウリに準じて行い、雌花一花に対する交配用の雄花の数は三花程度とする。

着果が確認され、一株の着果数を決めたら、それ以外の果実はすべて早めに摘除する。一株の着果数は大玉種で五〜六果、小玉種で二〇果程度で、一株

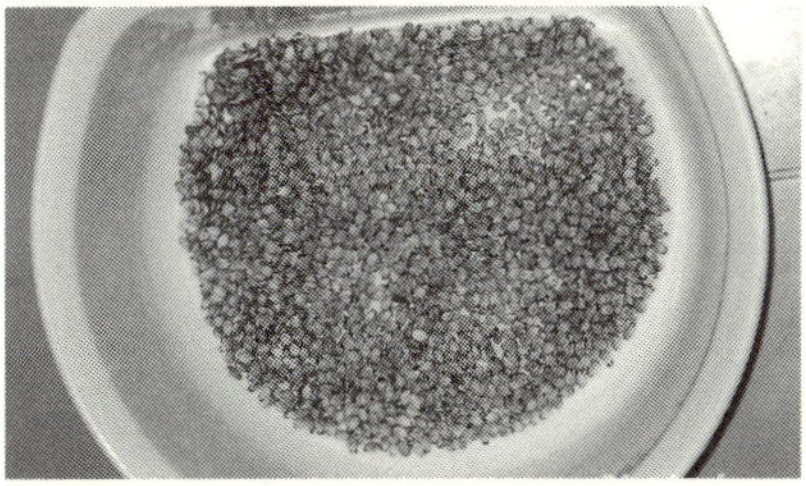

水洗した種子をボールの中で乾燥させる

スイカの種子（嘉宝）

生育中のスイカ（福島県飯野町、写真・熊谷正）

の生産量を五〇kg程度と見積もる。

交配後の管理　着果数決定後に着果する果実は、こまめに摘果する。新しく着果した果実が急速に肥大するため、摘果《てきか》（余分な果実を幼い時に間引くこと）には十分気を配る。

不必要な多着果は目的とする採種用果実の充実度を低下させ、良質な種の生産を阻害することになる。

果実の肥大が始まると株が弱り、病害虫の被害が目立つようになるため、早めに薬剤散布を行う。

採種の手順と種子保存

交配後収穫までの日数は、交配後の天候に左右されるため決めにくいが、一般的には大玉種で四〇日前後、小玉種で二五～三〇日を目安とする。

収穫果は四～五日室内に置いて追熟させた後、採種する。このときの果肉は食べることができる。採種した種子は、よく水洗後、ボールなどの内に並べて一～二日天日乾燥し、さらに一週間程度陰干しをする。よく乾燥した種子は紙袋に入れて冷蔵庫内で保存する。

〈種子で繁殖する野菜〉ウリ科

メロン、マクワウリ

マクワウリも東洋系のメロンであるため、欧米のメロンと同様に取り扱われる。これをまとめてメロン類としてくることにする。

採種に適した系統・品種

メロンはアールスフエボリットの各系統およびハネーデュー、マクワウリは金俵、ニューメロン、甘露甜瓜《まくわうり》ほか、地域の在来種。

採種栽培のポイント

日本で栽培されているメロン類のほとんどは雌花が雄しべと雌しべを持つ完全花で、これと雄花が同じ株につく両性雄花同株である。この種類では、極端な場合、雌花単独でも結実させることができる。しかし、良質な種を採ろうとすれば、別の株の花粉で受精させるのがよい。

メロン類は成熟した果実が雨にあうと裂果《れっか》や腐敗が起こりやすいため、必ず雨よけ施設内で栽培する。

畑づくり　栽培は地床《じどこ》（地面をそのまま畑として栽培すること）もしくは大型の鉢で行う。地床栽培の場合、植えつけ予定地にあらかじめダゾメット粉粒剤を一㎡当たり二五g散布後、耕耘、ガス抜きしておく。一㎡当たり完熟堆肥二kg＋乾燥鶏糞一五〇gを植えつけの一か月以上前に施用し、ただちに耕耘後、幅約一m、高さ約三〇cmの畝をつくり、畝の両側に自動灌水《かんすい》用のチューブを設置して十分水やり後、全面に黒マルチを行う。鉢栽培の場合は一〇号程度の大きさの鉢に肥料分の入った市販の床土《とこつち》を詰める。

育苗および定植　三月下旬にハウス内の温床に種まきし、出芽後、径一二cmの黒ポリポットに上げて育苗し、本葉三枚程度に育った苗を四月下旬に株間約四〇cmに植えつける。一品種三株程度でよい。活着《かっちゃく》（根付いて生長すること）を促すため、夜間はビニールトンネルを被覆して保温する。

管理　いずれの品種も蔓を支柱に誘引する立栽培

とする。メロン（ネッテッドおよびウインタータイプ）は親蔓の一二〜一六節の子蔓に一果、マクワウリ（マクワ型メロンを含む）は親蔓を五節で摘心して二本の子蔓を伸ばし、その一〇節以上の孫蔓にそれぞれ二果程度（一株で計四果程度）を着果させる。

水やりは着果予定花の開花直前までは多め、交配期間中はやや少なめ、肥大が始まれば再び多めとする。ネッテッドタイプでは交配後二〇日目ころからネットが発生しはじめ約二週間で完成するが、ネット発生初期にやや多めとし、以後は少しずつ減らしてゆく。

交配　予定の節位《せつい》（節の位置）の雌花が開花期を迎えたら、交配作業を始める。作業はキュウリに準じて行い、雌花一花に対する雄花の数は一花でよい。交配は天気がよければ一品種三日程度で終了する。

交配後の管理　交配した果実には二枚の葉をつけて摘心する。交配が完了すればその上位節位の側枝はすべて切除し、着果予定節位の上の葉一〇枚程度を残して摘心する。果実が鶏卵大になり、玉はげ時（果皮《かひ》が白くなった状態）に少し長目の果を必要数だけ選び、交配日を記入したラベルをつける。果実の肥大

ネットメロンの開花（写真・福田俊）

収穫直前のネットメロン結果

ネットメロンの種子（冬系一号）

にともない、担果負担が大きくなり病害虫の被害を受けやすくなるので、防除基準に沿って早めに薬剤散布を行う。収穫の二週間くらい前から、二～三日に一枚くらいの割で下葉を除去し、収穫時には果実の下の葉数が五枚くらいになるよう調節する。

鉢栽培での管理　鉢栽培での管理は、地床栽培に準じて行うが、生育の旺盛な時期にはほとんど毎日水やりが必要なことと、株に直接水がかからないような配慮が必要である。地床栽培に比べて果実はやや小さくなるが採種量に大きい違いはない。

採種の手順と種子保存

交配後収穫までの日数は、メロンで五五～六五日、マクワウリでは四〇～四五日を目安とし、収穫後四～五日追熟させた後、採種する。縦割りにし、スプーンで種子を取り出す。果肉は食べることができる。

種子は、水選後、ボールなどの内に並べて一～二日、天日乾燥をし、さらに陰干し（一週間程度）をする。よく乾燥した種子を紙袋に入れて冷蔵庫内で保存する。

マクワウリ(第8回たねとりくらぶの集い＝長崎県吾妻町・岩崎政利さん出品)

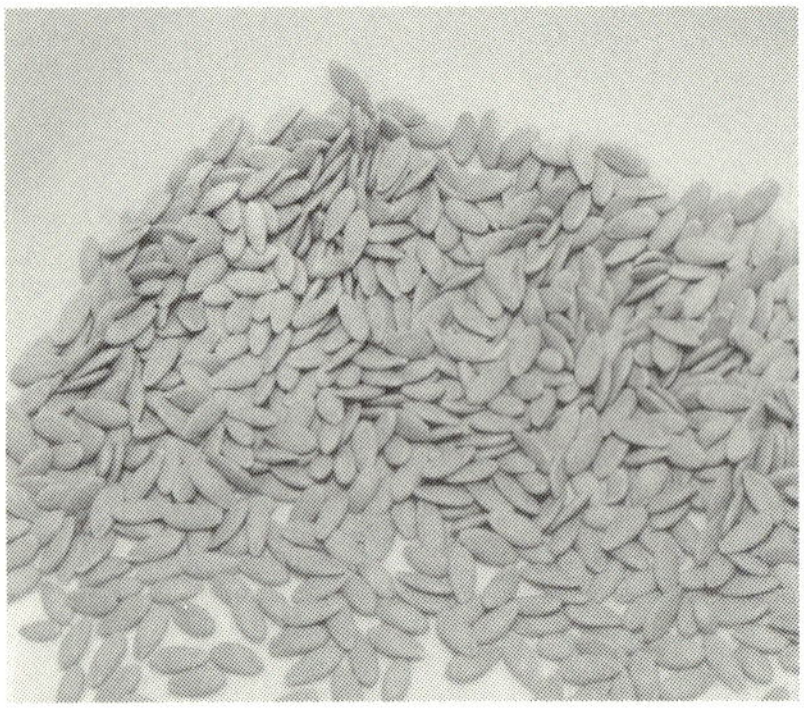

マクワウリの種子を乾燥(妻鹿メロン)

マクワウリの種子(甘露甜瓜)

シロウリ

〈種子で繁殖する野菜〉ウリ科

シロウリも植物分類学上はメロン類に属するが、栽培法や利用法がメロン類と異なるため、ここでは別項目とした。

採種に適した系統・品種

桂、高田、沼目、東京大、はぐらうりほか、地域の在来種。

採種栽培のポイント

畑づくり　一㎡当たり乾燥牛糞一・五kg＋苦土石灰一〇〇g、もしくはバーク堆肥一・五kg＋乾燥鶏糞二〇〇gを植えつけの一か月以上前に施用し、ただちに耕耘後、幅約二mの畝をつくり、雨を見て全面に黒マルチを行う。

育苗および定植　シロウリは高温下でよく生育する作物であるため、四月上旬にハウス内の温床に種まきし、出芽後、径九㎝の黒ポリポットに上げて育苗し、本葉二・五枚程度に育った苗を五月上旬にホットキャップ内に植えつける。

株間は約七〇㎝、一品種三株程度とする。

管理　生育が進めばキャップの頂部を破って換気し、親蔓を五～六節で摘心する。さらに生育が進めばキャップを除去し、子蔓を三本程度伸ばし、一〇節までの孫蔓を除去した後、それより上位節の孫蔓第一節の雌花の開花から交配作業を始める。

シロウリの結果

交配　作業はメロン類に準じて行い、一株の着果数は各子蔓に二果、計六果程度とする。

交配後の管理　着果が確認されたら、着果した孫蔓の着生節位から上位一〇節位までの孫蔓を除去し、以後は放任とする。採種用果実の着生位置から離れて着生する果実は、ある程度の大きさにまで太らせて青果として利用することができる。

着果後、担果負担が増えるにつれて、各種病害虫の発生が見られるため、防除基準に沿って早めに薬剤散布を行う。

採種の手順と種子保存

採種用果実の開花後収穫までの日数は小型種で約四五日、大型種では約六〇日必要である。

収穫果は数日間室内に置いて追熟させた後、採種する。方法はキュウリに準じて、まず縦割りにし、スプーンで種子を取り出す。不要物を洗い流し、よく水洗いをしてから一～二日間、天日乾燥をし、さらに陰干し（一週間程度）をする。よく乾燥した種子は袋に入れて冷蔵庫内で保存する。

交配後、結実肥大した果実

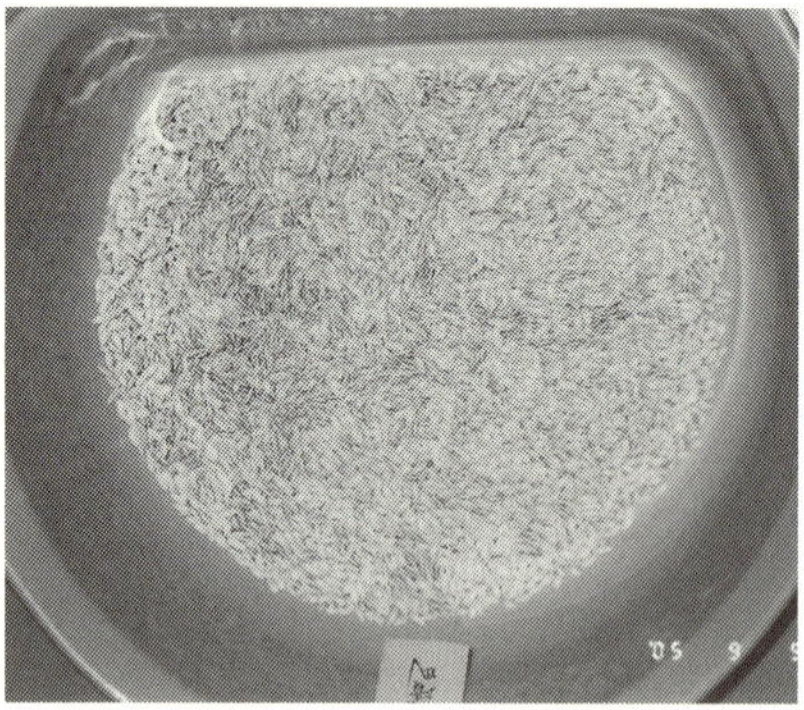

水洗した種子をボールの中で乾燥させる

シロウリの種子（矢賀ウリ）

カボチャ

〈種子で繁殖する野菜〉ウリ科

採種に適した系統・品種

会津、小菊、ちりめん、日向、富津、つるくび、打木赤皮、東京、甘栗、そうめんほか、地域の在来種。

採種栽培のポイント

畑づくり　一㎡当たり乾燥牛糞一・五kg＋苦土石灰一〇〇g、もしくはバーク堆肥一・五kg＋乾燥鶏糞二〇〇gを植えつけの一か月以上前に散布し、ただちに耕耘後、幅約二・五mの畝をつくり、雨を見て全面に黒マルチを行う。

育苗および定植　四月上旬にハウス内の温床に種まきし、出芽後、径一二cmの黒ポリポットに上げて育苗し、本葉約二・五枚に育った苗を四月下旬にホットキャップ内に定植する。株間は約二mとやや広くとり、一品種二株程度とする。

管理　生育が進めばキャップの頂部を破って換気し、さらに生育が進めばキャップを除去する。

カボチャは株元から発生する腋芽《えきが》（葉の付け根にできる芽）を除去する程度でほとんど整枝《せいし》せず、蔓は自由に伸ばす。

着果位置は果実の大きさによって判断する。小型品種は子蔓の一〇節以上、中形品種は同じく一五節以上、大型品種は同じく二〇節以上を目安とし、親蔓に着果させる場合は、それぞれ子蔓の場合より五節以上高い位置で着果させる。一株の収穫量を一五

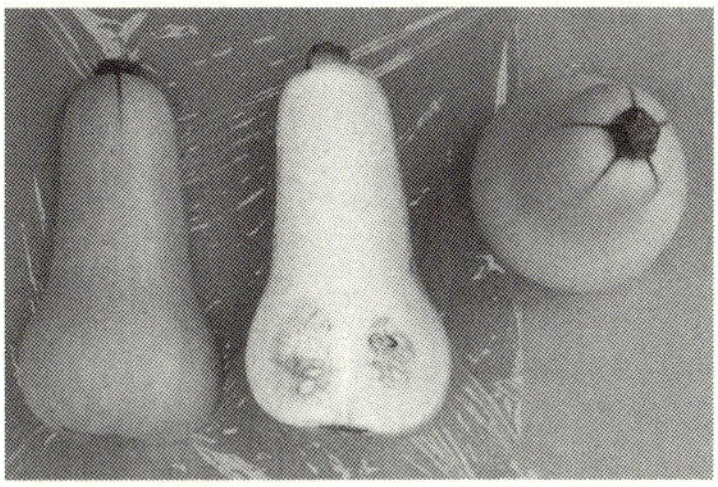

結実したカボチャ（バターナッツ南瓜）の断面（写真中央）など

カボチャの種子（まさかり）

～二〇kgに抑えて果の充実をはかる。

交配　交配作業はキュウリに準ずるが、カボチャは他のウリ類に比べて花が大きいため、雌花の袋かけ作業や雄花の貯蔵作業が難しい。したがって、これらの作業を行う前に花弁の三分の一程度を切除する。こうすればその後の作業が大幅に楽になる。また、花弁の切除による結実《けつじつ》および果実の肥大への影響はまったく認められない。

カボチャは雄花一花当たりの花粉量がきわめて多いため、採種用の雌花一花に対する交配用の雄花の数は一花で十分である。

交配後の管理　採種用の果実以外は、着果させないように早めに摘果する。生育の後半に各種病害虫が発生するため、防除基準に沿って薬剤散布を行う。

採種の手順と種子保存

交配後収穫までの期間は小型種で約四〇日、中型種で約五五日、大型種で約六五日を目安とする。

収穫後二週間程度室内に置いて追熟させたのち、採種する。採種の方法はキュウリに準ずるが、へたを落としてから縦割りにし、種子を取り出す。不要物を手でもみながら洗い落とす。

開花中のカボチャ畑

交配日前日、雌花の花弁の３分の１を切除して袋をかけておく

カボチャは種子が大きく平たくて軽いので、充実したものでも水に浮く。数も多いため、乾燥が不十分だとカビの発生が懸念される（トウガンも同じ）。したがって、採種作業は晴天日の午前中に行い、種子が多い場合には複数のボールなどに分けたり、数回手でかきまぜたりして乾燥（天日乾燥）を促す必要がある。採種後の果肉は食用となる。最後に陰干し（一週間程度）をし、よく乾燥した種子を紙袋に入れて冷蔵庫内で保存する。

採種用のカボチャ（兵庫県下の在来種）

ちりめん系統のカボチャ

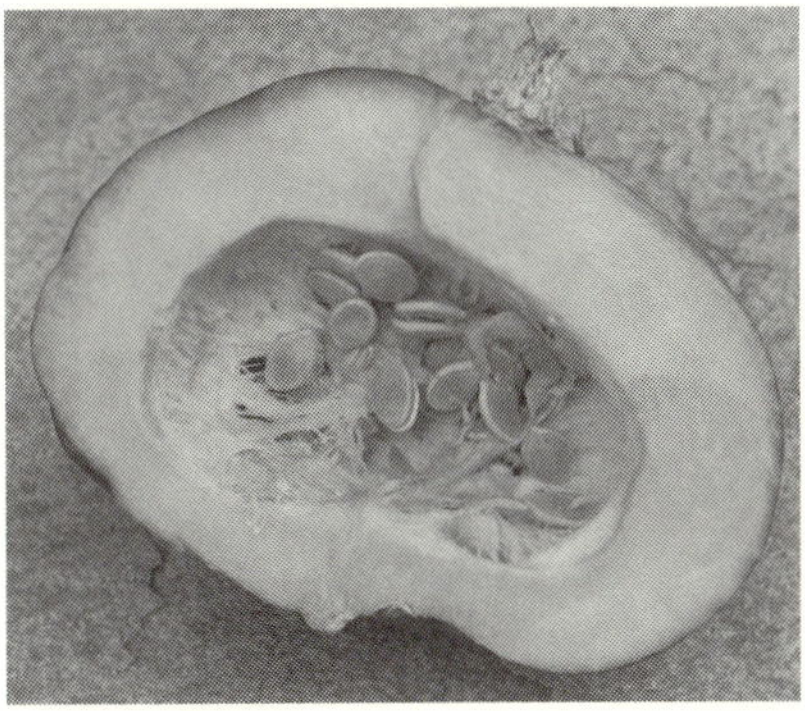

カボチャの断面

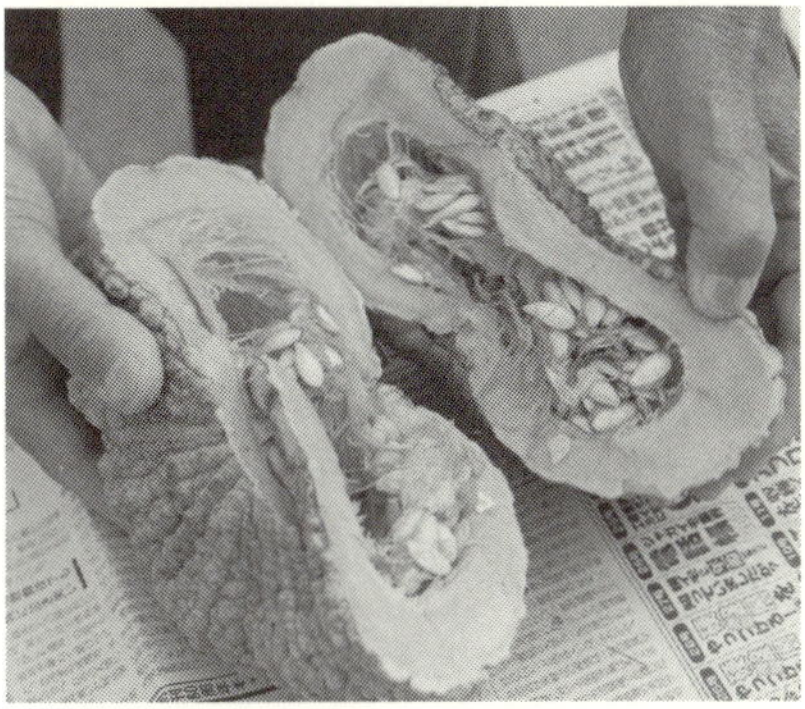

ちりめん系統のカボチャ断面

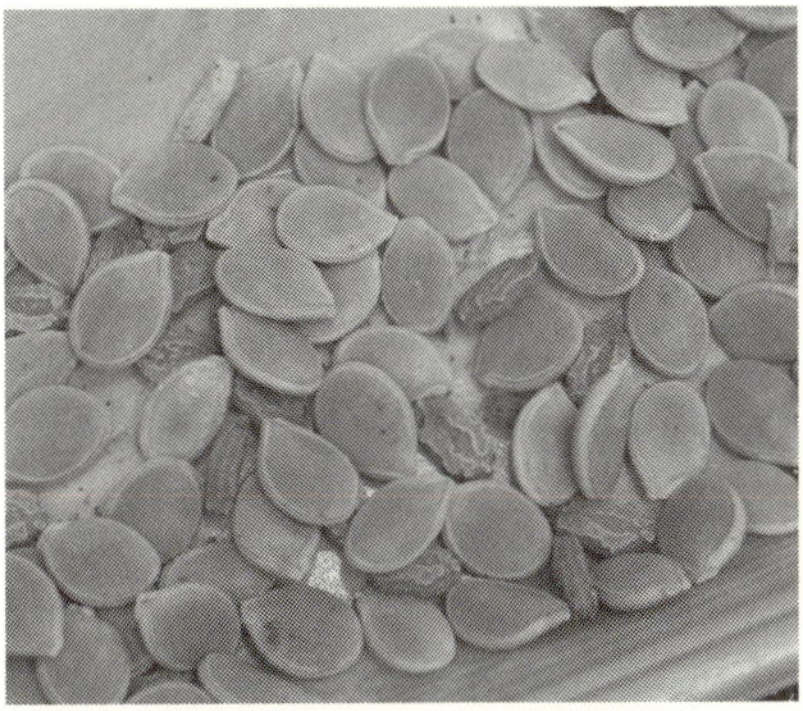

カボチャの種子（兵庫県下の在来種）

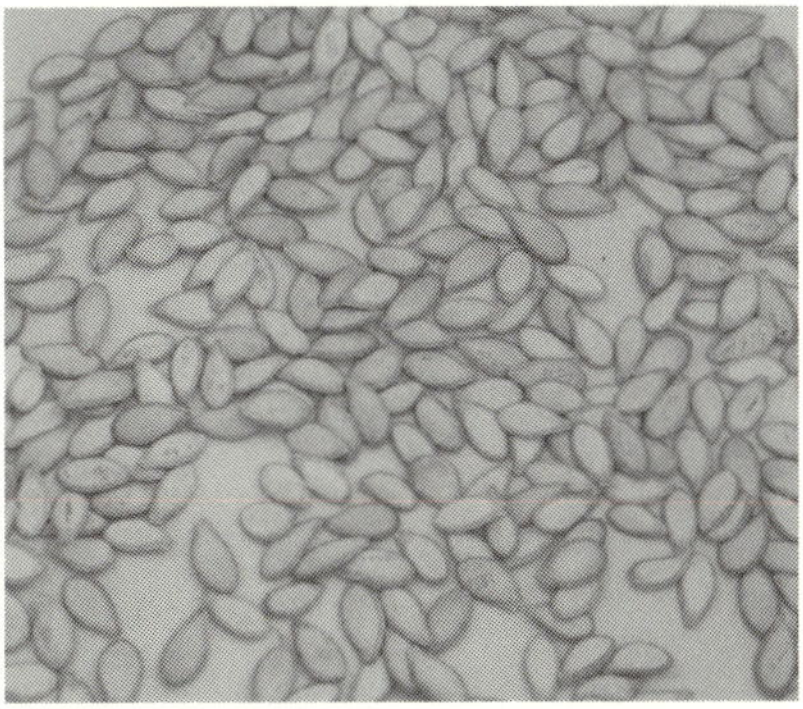

ちりめん系統のカボチャ種子を乾燥

〈種子で繁殖する野菜〉ウリ科

トウガン

採種に適した系統・品種

カモリ、マオクワ（フシウリ）ほか、地域の在来種。

採種栽培のポイント

畑づくり　一㎡当たり乾燥牛糞二kg＋苦土石灰一〇〇g、もしくはバーク堆肥二kg＋乾燥鶏糞二〇〇gを植えつけの一か月以上前に散布し、ただちに耕耘後、幅約二・五mの畝をつくり、雨を見て全面に黒マルチを行う。

育苗および定植　トウガンはきわめて高温下でよく生育する作物であるため、四月上旬にハウス内の温床に種まきし、出芽後、径九㎝の黒ポリポットに上げて育苗し、本葉二枚程度に育った苗を五月中旬にホットキャップ内に植えつける。株間は約三mと広くし、一品種二株程度とする。

管理　生育が進めばキャップの頂部を破って換気し、さらに生育が進めばキャップを除去する。

トウガンは株元に発生する腋芽《えきが》を除去する以外は整枝せず、自由に伸ばす。

果実に糖分の蓄積がないため、着果数が若干多くなっても果実の充実度への影響は少ないが、生育後半になって着果したものは、果肉が薄く充実度が不十分となるので、摘果する。

この栽植《さいしょく》（植物を植えつけること）密度での株当たりの生産量は六〇kg程度と思われる。着果は親蔓の二〇節以上、子蔓の一二節以上なら問題はなく、小型種で連続着果する品種もある（マオクワ）。一果重が一〇kgを超える大型種もあるが、自家消費用としては不向きである。

交配　開花期は梅雨明け後の盛夏となる。交配はキュウリに準ずるが、他のウリ類に比べて花の生育スピードが遅いため、翌朝開花すると予測される花の大きさの見きわめが大切である。

花びらの着色は開花の二〜三日前から見られるた

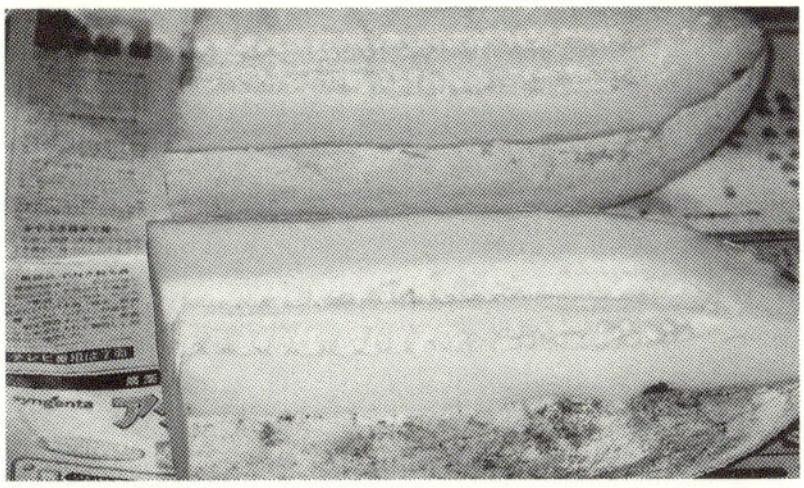

採種用のトウガンを切断し、種子を取り出す

フシウリの種子（マオクワ）

収穫間近のトウガン（兵庫県下の在来種）。大きいものは50cm程度になる

め、とくに交配用の雄花の採花で若い花を採る危険性が高く、注意が必要である。花粉は多いほうで雌花一花に対しては雄花一花を準備すればよい。

採種の手順と種子保存

交配後収穫までの日数は日長が短くなることからやや長くなり、小型種で約六〇日、大型種では約八〇日必要である。

収穫した果実は室内に一〇日程度置いて追熟させた後、採種する。

方法はキュウリに準じて縦割りにし、スプーンで種子を取り出して水洗いをする。種子数が多く、また採種時期が低温期に入るため、乾燥しにくい。そこで、複数のボールなどに分割して乾かし、カビの発生を防ぐよう心がける。また、果実内で発芽した種子が多く見られる場合もあるため、乾燥する前の選別に十分配慮する。採種後の果肉は食用となる。

一〜二日、天日乾燥、陰干し（一週間程度）をして、よく乾燥した種子を紙袋に入れて冷蔵庫内で保存する。

ユウガオ

〈種子で繁殖する野菜〉　ウリ科

採種に適した系統・品種

しもつけしろ、しもつけあおほか、在来種、外来種。

採種栽培のポイント

畑づくり　一㎡当たり乾燥牛糞一・五kg＋苦土石灰一〇〇g、もしくはバーク堆肥二kg＋乾燥鶏糞二〇〇gを植えつけの一か月以上前に施用し、ただちに耕耘後、幅約二・五mの畝をつくり、雨を見て全面に黒マルチを行う。

育苗および定植　ハウス内の温床に三月下旬に種まきし、出芽後、径一二cmの黒ポリポットに上げて育苗し、本葉約二・五枚に生育した苗を五月上旬にホットキャップ内に植えつける。株間は約五mと広くし、一品種二株程度とする。

管理　生育が進めばキャップの頂部を破って換気し、さらに生育が進めばキャップを除去する。

ユウガオは株元から発生する腋芽を除去する程度でほとんど整枝せず、自由に伸ばす。

若い果肉を干瓢《かんぴょう》に加工して食用にする種類は、採種用の果実が一五kgを超える大型となるため、親蔓では二〇節以上、子蔓でも一五節以上に着果させる。この栽植密度では株当たり六〇kg程度（三～四果）と考えられる。一方、接《つ》ぎ木の台木《だいぎ》用や幼果を食用として利用する品種では、果の大きさが小さいものもあり、着果数を一〇個以上と多くすることができる。

交配　ユウガオの開花はその名のとおり夕方始まる。したがって、雌花の袋かけと雄花の採花は午前七時ころから行う。方法はキュウリに準ずるが、花粉が高温に弱いため、採花した雄花は日中に日の当たらない涼しい場所に置く。雌花一花当たりの雄花数は二花程度準備する。

交配は涼しくなる夕方六時ころから行う。方法はキュウリに準ずるが、袋かけ後に結露がないため、朝かけた袋をそのまま利用できる。

ユウガオ畑の収穫果（写真・丹野清志）

ユウガオの種子（スネーク）

肥大、硬化したユウガオの果実（写真・丹野清志）

採種用の果実以外はすべて摘果し、果実および内部種子の充実をはかる。

病害虫防除は防除基準に沿って早めに行う。

採種の手順と種子保存

交配後収穫までの日数は小果種で五〇日程度、大果種では七〇日以上必要である。収穫果は一週間程度室内に置いて追熟後、採種する。

果実の表皮は五㎜近い厚味があり、しかも硬化しているため、鋸《のこぎり》や斧《おの》を用いて果実を切断する必要がある。

果実切断後の採種はキュウリに準じて種子をスプーンなどでざるに取り出し、不要物を手でもみながら洗い落として水洗いをする。種子が大きく厚いため乾燥しにくい。したがって、天気のよい日に採種を行い、複数のボールなどに分割して薄く並べたり、手で数回かきまぜたりして、種子の表面が早く乾燥するように留意する。一〜二日、天日乾燥、さらに陰干し（一週間程度）をして、よく乾燥した種子を紙袋に入れて冷蔵庫内で保存する。

〈種子で繁殖する野菜〉ウリ科

ヘチマ（食用種）

採種に適した系統・品種

食用へちまほか、地域の在来種。

採種栽培のポイント

畑づくり　一㎡当たり乾燥牛糞一・五kg＋苦土石灰一〇〇g、もしくはバーク堆肥一・五kg＋乾燥鶏糞二〇〇gを植えつけの一か月以上前に施用し、ただちに耕耘後、幅約二・五mの畝をつくり、雨を見て全面に黒マルチを行う。

播種　ヘチマは高温下でよく生育する作物であるため、五月上旬にホットキャップ内に直まきする。株間は約三m、一品種二株程度とする。

管理　出芽後、蔓が伸びてきたらキャップの頂部を破って蔓を伸ばす。親蔓が一〇節以上に伸びたらキャップを除去し、親蔓を一〇節で切除し二〜三本の子蔓を伸ばす。このころ畝の上部に丈夫な支柱を用いた高さ約二mの棚をつくり、その上にキュウリ用のネットを張り、蔓をその棚に登らせる。

交配　子蔓の一〇節以上に着果させる。交配作業はキュウリに準ずるが、ヘチマは果実が長いため、雌花の花弁の長さの半分程度を切断、除去した後で袋かけを行う。雄花の採花は切断せずそのままで、一雌花当たりの雄花数は一花でよい。

採種用果実の一株の着果数は、大型種で五果程度まで可能である。野菜用の果実は開花後七日程度で収穫されるため、採種用の果実が決まったら、その後で着生する果実は採り遅れないようにして青果で利用する。ヘチマは病害に侵されることは少ないが、アブラムシなどの害虫の被害を受けることがあるため、発生初期に手でつぶす。

採種の手順と種子保存

採種用の果実の収穫は交配後五〇〜六〇日と思われるが、果皮が褐色に枯れてから行う。

ヘチマの果実。果皮が褐色に変色してから収穫（写真・熊谷正）

ヘチマの雌花。花弁の半分程度を切除してから袋かけを行う（写真・熊谷正）

果皮が青くても繊維の発達が完了している場合もあるが、種子が十分に熟すにはさらに日数が必要である。果皮が褐色になっていれば種子は十分に熟しており、採種上問題はない。

収穫した果実の花痕部《かこんぶ》（花落ちの部分）を取り除き、その部分を下にして果実を揺すると果実内部の種子が取り出せる。取り出した種子は未熟種子や胎座屑などの不要物を除いて天日乾燥し、その後、陰干しをする。よく乾燥した種子を紙袋に入れて冷蔵庫内で保存する。

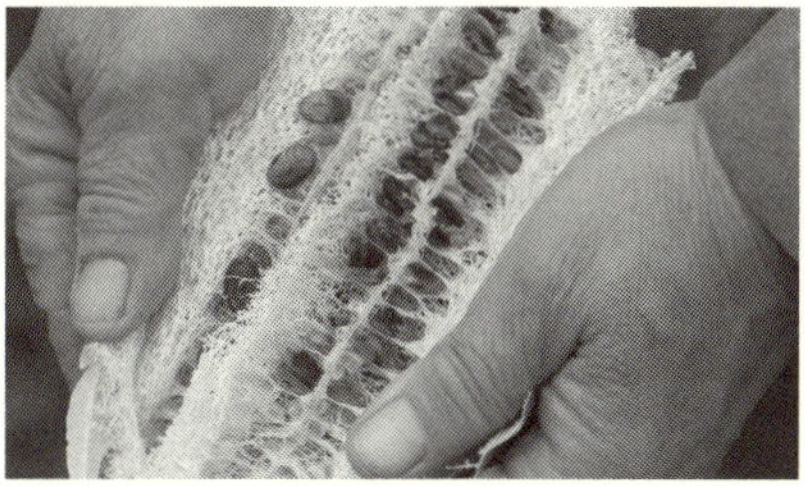

果実を割り、種子を取り出す

ヘチマの種子（沖縄県の在来種）

ニガウリ

〈種子で繁殖する野菜〉ウリ科

採種に適した系統・品種

大長れいし、にがうりほか、地域の在来種。

採種栽培のポイント

畑づくり　一㎡当たり乾燥牛糞一・五kg＋苦土石灰一〇〇g、もしくはバーク堆肥一・五kg＋乾燥鶏糞三〇〇gを植えつけの一か月以上前に施用し、ただちに耕耘後、幅約一mの畝をつくり、雨を見て全面に黒マルチを行う。

育苗および定植　ニガウリはきわめて高温下でよく生育する作物であるため四月中旬にハウス内の温床に種まきし、出芽後、径一二cmの黒ポリポットに上げて育苗し、本葉三枚程度に育った苗を五月中旬に定植する。

株間は約一mと広くとり、十分に根を張らせる。一品種二株程度とする。ニガウリは保温対策をしないで早く植えつけると、生育が悪くなり失敗する。

管理　蔓が伸びはじめたら、高さ約二mの丈夫な支柱を立てて、その間にキュウリネットを張る。親蔓を約一〇節で摘心し、数本の子蔓を伸ばしてこれをネットに誘因する。

交配　子蔓の一〇節以上に発生した雌花を交配し、着果させる。作業はキュウリに準じて行うが、雄花の花粉量が少ないため、一雌花に対する雄花数は二花以上を準備する。

ニガウリは果実の大きさに比較して種子が異常に大きいため、一個の果実から採れる種子の数は二〇個程度ときわめて少ない。したがって、交配しなければならない雌花数が多くなり、交配に必要な期間が長くなる。生育中に害虫の被害が懸念されるので、防除基準に沿って早めに薬剤散布を行う。

採種の手順と種子保存

交配後収穫までの期間は逆に短く、気温の高い時

収穫間近のニガウリ（写真・丹野清志）

ニガウリの雌花（写真・福田俊）

期では三〇日未満、少し涼しくなってからでも四〇日程度で採種が可能である。果実が赤褐色に着色し、場合によっては裂果してくるので、収穫期の判定は容易である。

収穫後は果実を割って種子を取り出し、種子の表面を覆っている赤いべろべろの胎座部分を取り除いて水洗し、ボールなどの内に並べて天日乾燥し、その後、陰干しする。

よく乾燥した種子を紙袋に入れて冷蔵庫内で保存する。

採種用のニガウリ。果実が赤褐色になったり、裂果したりしている

ニガウリの種子（さつま大長れいし）

トマト

〈種子で繁殖する野菜〉ナス科

採種に適した系統・品種

福寿、ファースト、ヨーズ、福吉、シュガーランプほか、地域の在来種、外来種。

採種栽培のポイント

トマトは果皮が薄く、完熟果が強い降雨にあった場合、裂果とその後の腐敗が懸念されるため、採種栽培は雨よけハウスの中で行う。

栽培は地床もしくは大型の鉢で行う。

畑づくり　地床栽培では、一㎡当たり乾燥牛糞一・五kg＋苦土石灰一〇〇g、もしくはバーク堆肥一・五kg＋乾燥鶏糞二〇〇gを植えつけの一か月以上前に施用し、ただちに耕耘後、幅約八〇cm、高さ約三〇cmの畝をつくる。畝の両側に自動灌水用のチ

ミニトマトの開花（写真・福田俊）

収穫直前のトマトミニ種（ピッコロ）

着色が始まった大果トマト（岩手県下の在来種、写真・角田了一）

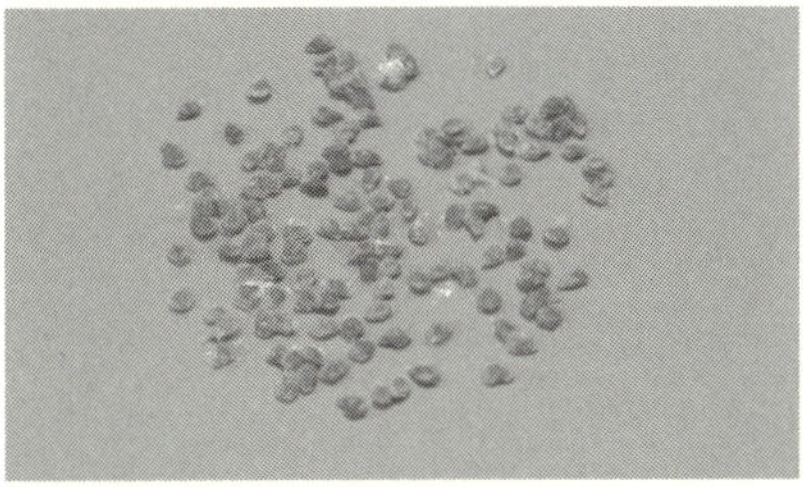

トマトの種子（シュガーランプ）

トマトの開花（写真・福田俊）

ューブを設置し、十分水やり後、全面に黒マルチを行う。鉢栽培の場合は一〇号程度の大きさの鉢に肥料分の入った市販の床土を詰める。

育苗および定植　ハウス内の温床に三月中旬に種まきし、出芽後、径一二cmの黒ポリポットに上げて育苗し、本葉五～六枚に育った苗を四月下旬に株間約三〇cmに植えつける。一品種三株程度とし、複数の品種を同時に採種する場合は品種間を一m程度あける。

管理　生育中は除草、水やり、腋芽取り、誘引などの作業を適切に行って根張りや草勢維持に心がける。

支柱は品種ごとに別々に行い、３００＃（網目の大きさ、網糸の太さ、色などを示す製品番号）の寒《かん》冷紗《れいしゃ》でつくった大型の網袋を防虫網として開花直前に品種ごとに株全体を覆うようにかけ、訪花昆虫による交雑《こうざつ》（遺伝的に異なる形質を持つ個体間の交配）を防ぐ。

各果房が数花開花した時期、晴天時に果房をたたいて授粉を手助けするとよく着果する。ミニ種ではこの操作を二～三回繰り返す。

　果房の段数は、防虫網の高さにもよるが、五段程度で止め、その上部に三枚の葉をつけて摘心する。

　各果房の果数は大果種で四果程度、ミディ種で一〇果程度、ミニ種で三〇果程度に制限し、各果実の充実をはかる。

　トマトは病害虫の被害を受けやすいので、生育初期から防除基準に沿って定期的に薬剤散布を行う。

　鉢栽培での管理も基本的には地床栽培に準ずるが、晴天時にはほとんど毎日水やりを行わねばならないことと、なるべく植物体に直接水をかけないように気をつけることが大切である。果実の大きさは少し小さくなるが、種子の品質に変わりはない。

〔トマトの種を取り出す〕
追熟させて やわらかく
なった果実を切り開き、
種をしぼり出す

採種の手順と種子保存

　採種は果実が完全に着色してから行う。収穫した果実は一週間程度室内に置いて追熟後、ビニール袋に入れてつぶし、二～三日発酵させたのちにふるいやざるなどで組織を濾しながら種子を取り出す。取り出した種子は周辺に付着している胎座部分を取り除いて水洗し、ボールなどの内に並べて乾かす。

　このとき、種子を重ねないようにする。トマトの種子の表面にはたくさんの毛があるため、種子を重ねると種子どうしがくっつきあって、乾燥後にはずれにくくなるので気をつける。数日間の天日乾燥後、陰干しをして、よく乾燥した種子を紙袋に入れて冷蔵庫内で保存する。

ピーマン
〈種子で繁殖する野菜〉ナス科

採種に適した系統・品種

伊勢、カリフォルニアワンダー、石井みどり、パラデチョンパプリカほか、地域の在来種、外来種。

採種栽培のポイント

畑づくり　一㎡当たり乾燥牛糞二・五kg＋苦土石灰一五〇g、もしくはバーク堆肥二kg＋乾燥鶏糞三五〇gを植えつけの一か月以上前に施用し、ただちに耕耘後、幅約一・五mの畝をつくり、雨を見て全面に黒マルチを行う。

育苗および定植　ハウス内の温床に二月下旬に種まきし、出芽後、一二cmの黒ポリポットに上げて育苗し、本葉一〇枚程度に育った苗を五月上旬に植えつける。株間は約七〇cm、一品種三株程度とする。

複数の品種を同時に採種する場合は、品種間を約一・五mあける。

管理　支柱と第一次分枝《ぶんし》（枝分かれの枝）以下の腋芽の除去などの管理は遅れないように行い、一番果は摘果する。二番花以降の開花が始まる前に３００#の寒冷紗でつくった大型の防虫網の袋を、それぞれの品種ごとにかける。

ピーマンは枝数が多く、株の内部が混み合うため、定期的に株の内部の枝を整理する。また、着果数が多すぎると枝折れなどを起こすので、定期的に思い

収穫したばかりのピーマン（写真・熊谷正）

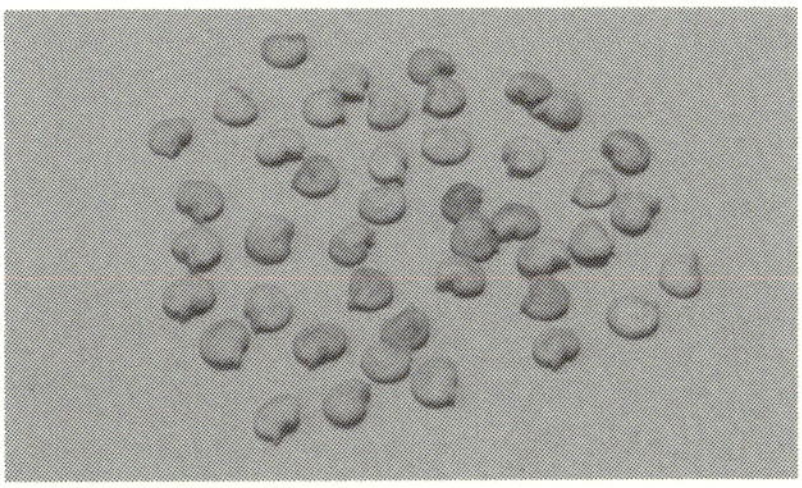
ピーマンの種子（石田系）

結実した果実（写真・福田俊）

ピーマンの開花（写真・福田俊）

切った摘果をする必要がある。

防虫網の中で開花結実した果実から採種するが、できるだけ株の中央部で結実した果実から採種するのが交雑の危険性が少なく安全である。

ピーマンもトマト同様、病害虫の被害を受けやすいため、生育初期から防除基準に沿って定期的に薬剤散布を行う。

採種の手順と種子保存

果実が完全に赤色、もしくは赤褐色に着色したら収穫する。一株で一〇～二〇果を目標に採種し、残りは未熟なうちに収穫して青果として利用する。収穫果は一週間程度室内に置いて追熟後、種子を取り出す。

手で果実を割りながら中の種子を取り出す。採種種子のうち、変色しているものや厚みの薄いもの、色の薄いものなどを取り除き、水洗いをせずにボールなどに入れて乾かす。よく乾燥した種子を紙袋に入れて冷蔵庫内で保存する。

トウガラシ

〈種子で繁殖する野菜〉ナス科

採種に適した系統・品種

鷹の爪、八つ房、伏見、ししとうほか、地域の在来種、外来種。

採種栽培のポイント

畑づくり　一㎡当たり乾燥牛糞一・五kg＋苦土石灰一〇〇g、もしくはバーク堆肥一・五kg＋乾燥鶏糞二五〇gを植えつけの一か月以上前に施用し、ただちに耕耘後、幅約一mの畝をつくり、雨を見て全面に黒マルチを行う。

育苗および定植　ハウス内の温床に二月下旬に種まきし、出芽後、径九㎝の黒ポリポットに上げて育苗し、本葉一〇枚程度に育った苗を五月上旬に植えつける。株間は約七〇㎝、一品種三株程度とする。

結実した果実（万願寺トウガラシ）

トウガラシの開花

複数の品種を同時に採種する場合は、品種間を一・五m程度あける。

管理　トウガラシもピーマン同様、支柱と第一次分枝以下の腋芽の除去などの作業を適期に行う。

寒冷紗でつくった網袋の中で結実

トウガラシの種子（ポブラノ）

乾燥中のトウガラシ（写真・樫山信也）

二番花の開花が始まる前に、300#の寒冷紗でつくった大型の防虫網の袋をそれぞれの品種ごとにかける。

トウガラシもピーマン同様、株の内部が混み合うため、定期的に株の内部の枝を整理するとともに思い切った摘果を行う。

採種用の果実はピーマン同様できるだけ株の中央部で結実した果実を用いる。

トウガラシもピーマン同様、病害虫の被害を受けやすいため、生育初期から防除基準に沿って定期的に薬剤散布を行う。

採種の手順と種子保存

トウガラシの果実はすべて完全着色の状態で収穫されるため、採種用果実の選択は着果位置の違いによって行うとよい。

収穫した果実は、数日間室内に置いて追熟後、果実を割り、種子を取り出す。

トウガラシのなかには辛味成分であるカプサイシン含量の多い品種もあり、このような品種の種子を

〔トウガラシの種を取り出す〕

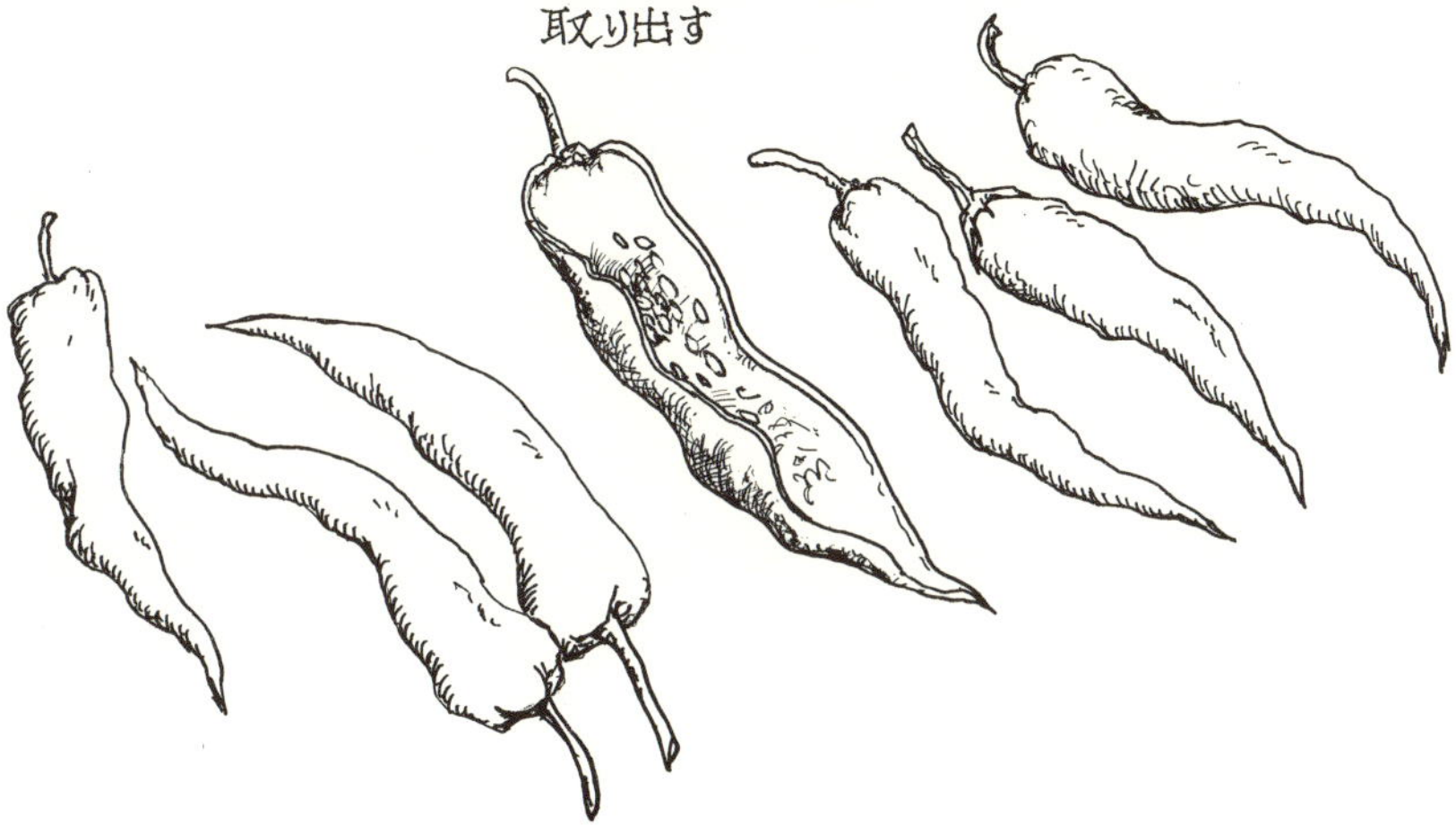

果実から取り出す作業中には、不用意に顔などを触らないよう、細心の注意が必要である。

不用意に顔などを触り、辛味成分が目や鼻などに付着した場合は、猛烈な痛みを感ずる。このような場合はすみやかに流水で洗浄し、採種作業をしていない他の人に拭いてもらう。自分で拭いたりすると手に付着している辛味成分が再び患部に付着するおそれがあるため、気をつける。

この辛味成分は非常に強力で、薄手のポリ手袋などは平気で通過する。手に付着した辛味成分は二〜三回入浴して洗ったくらいでは完全には落ちない。

採種した種子は、ピーマンの場合と同様、変色したものや未熟なもの、色の薄いものなどを取り除き、水洗いをせずにボールなどに入れて乾かす。よく乾燥した種子を紙袋に入れて冷蔵庫内で保存する。

ナス

〈種子で繁殖する野菜〉ナス科

採種に適した系統・品種

賀茂なす、水なす、巾着、久留米長、仙台長、博多長、播磨、橘眞ほか、地域の在来種、外来種。

採種栽培のポイント

畑づくり　一㎡当たり乾燥牛糞三kg＋苦土石灰一〇〇g、もしくはバーク堆肥三kg＋乾燥鶏糞三五〇gを植えつけの一か月以上前に施用し、ただちに耕耘後、幅約一・八mの畝をつくり、雨を見て全面に黒マルチを行う。

育苗および定植　ハウス内の温床に二月中旬に種まきし、出芽後、径一二cmの黒ポリポットに上げて育苗し、本葉五枚程度に育った苗を五月上旬に植えつける。

株間は約八〇cm、一品種三株程度とする。

複数の品種を同時に採種する場合は、品種間を二m程度あける。

管理　支柱と第一次分枝以下の腋芽の除去などの作業は遅れないように行い、一番果は摘果する。二番果以降の開花が始まる前に300#の寒冷紗でつくった大型の防虫網の袋を品種ごとにかける。

防虫網の中で開花結実した果実から採種を行うが、株の内部で結実した果実ほど交雑の危険性が少なく安全である。

ナスの開花(巾着系ナス、新潟県小国町、写真・丹野清志)

ナスは葉の面積が大きく、相互遮蔽《しゃへい》により株の内部への日当たりが悪くなりやすい。これを防ぐために内部に発生する枝を定期的に除去するとともに採種果以外はすべて摘果する。

病害虫の発生も多くなるので、生育初期から摘葉と防除基準に沿った薬剤散布を定期的に行う。

青果用として、収穫適期のナス（巾着系ナス、新潟県小国町、写真・丹野清志）

採種の手順と種子保存

株当たりの採種用果実数は、果実の大きさにもよるが、五～一〇果とする。予定の果実が結果《けっか》した（果実をつけた）ころを見計らい、その果実に大まかな結果月日を記入したラベルをつける。

ナスは結果後、日数の経過にともない果実が変色するが、色の変化だけでは種子の熟度はわからない。したがって、おおよその結果日をラベルしておき、結果《けっか》後六〇日程度を目安に収穫する。

市販のナス（十全ナス、写真・樫山信也）

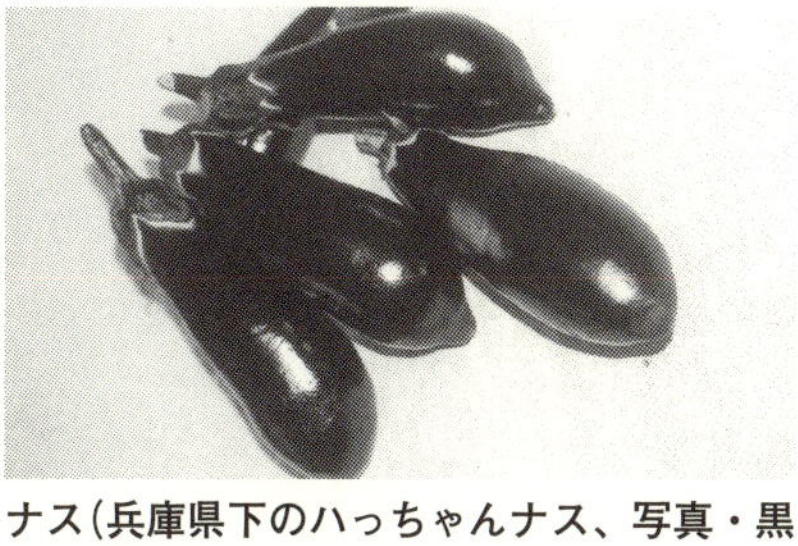

ナス（兵庫県下のハっちゃんナス、写真・黒田八郎）

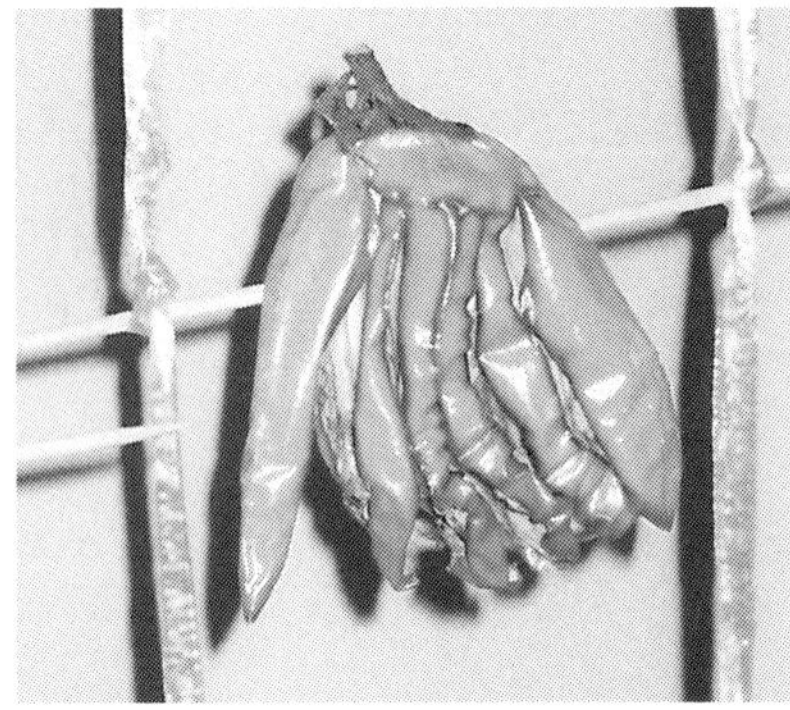
ナスに切り込みを入れ、竹串などに刺して乾燥させる

乾燥中のナスの種子（バングラディッシュ産の青ナス）

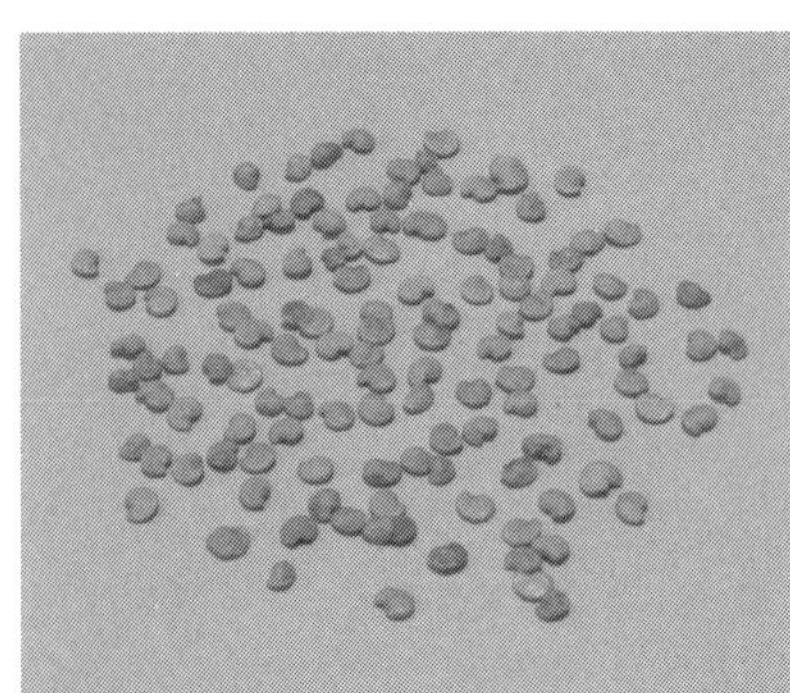
ナスの種子（赤穂系）

ナスの果実は大型で乾燥しにくく、またナスの種子は果実内部に分散しているため、採種はきわめて困難である。

採種用の果実は収穫後まず縦に数本の切れ目を入れる。その後、果実を大型の竹串などに刺して切れ目の部分を扇状に広げ、雨の当たらない軒下などで一週間程度乾かす。

果実が乾燥し種子が浮き出したころにピンセットで果実から種子を根気よく取り出し、よく水洗い後、ボールなどの内に並べて乾かす。

水中で果実から種子をもみ出す方法（一〇頁）もあるが、種子に果肉の一部が付着することがあり、それを取り除くのに時間がかかるため、どちらがよいかは判定が困難である。中央部が盛り上がったり、よく膨れたりした、充実した種子を採種する。短時間、天日乾燥をし、さらに二〜三日、陰干しをして、よく乾燥した種子を紙袋に入れて冷蔵庫内で保存する。

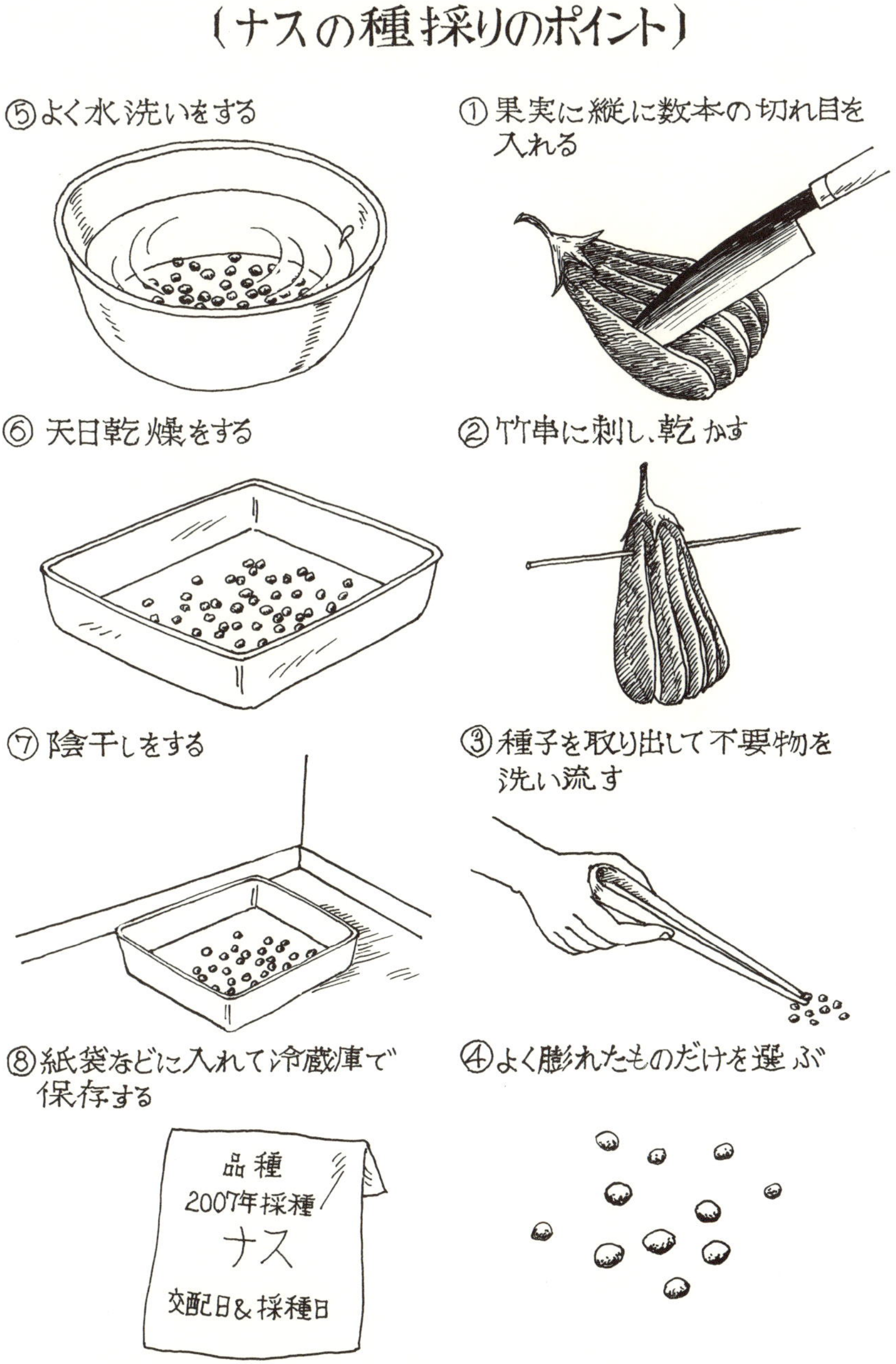
〔ナスの種採りのポイント〕
①果実に縦に数本の切れ目を入れる
②竹串に刺し、乾かす
③種子を取り出して不要物を洗い流す
④よく膨れたものだけを選ぶ
⑤よく水洗いをする
⑥天日乾燥をする
⑦陰干しをする
⑧紙袋などに入れて冷蔵庫で保存する
品種
2007年採種
ナス
交配日&採種日

エンドウ
〈種子で繁殖する野菜〉マメ科

採種に適した系統・品種

美笹、にむら赤花きぬさや2号、兵庫、スナップ久留米豊、西海グリーンピースほか、地域の在来種、育成種、外来種。

採種栽培のポイント

畑づくり　一㎡当たり乾燥牛糞一kg＋苦土石灰一〇〇g、もしくはバーク堆肥一kg＋乾燥鶏糞二五〇gを種まきの一か月以上前に施用し、ただちに耕耘しておく。種まきの直前に再度耕耘して幅約七〇cmの畝をつくる。

播種　種まき期は本葉四～五枚で冬を迎えるくらいがよい。株間は三五～四〇cm、一か所三粒まきとする。一品種の株数は五株程度とする。

蔓性種は矮性種《わいせい》（草丈の低い種類）に比べて株間を広くする。複数の品種を同時に採種する場合は、品種間を一m程度あける。

管理　蔓性種は出芽が確認されたら早めに蔓を登らせるための誘引用の網を張るか支柱を立てる。

年内の管理は、除草と害虫（ムギダニという大型のダニが発生することがある）の防除以外は大きい作業はない。

春になり、寒害の危険性が少なくなったら、整枝作業を始める。作業は一度整枝した後から発生するひこばえの除去も含めて約一週間おきに三回程度行う。主茎《しゅけい》、寒さで芯止まりした一～二次分枝、内部に発生する三次分枝以上の高次分枝をすべて除去し、最終的に健全な第一～二次分枝を一か所で六～八本残す。

これらを伸ばしながら開花結莢《けっきょう》（莢《さや》をつける）させ、若莢用では四～五段まで、実採り用では二～三段までを青果として収穫し、以後を種子用とする。正常な莢がつかなくなったら芯を止める。

蔓性種は網に登らせるために植物体と網を巻くよ

うに三〇～四〇cmおきに二～三段ビニールテープを張る。

この状態で全体が熟すまで放置する。

エンドウの開花、結莢（和歌山県印南市、写真・丹野清志）

採種栽培のエンドウの結莢

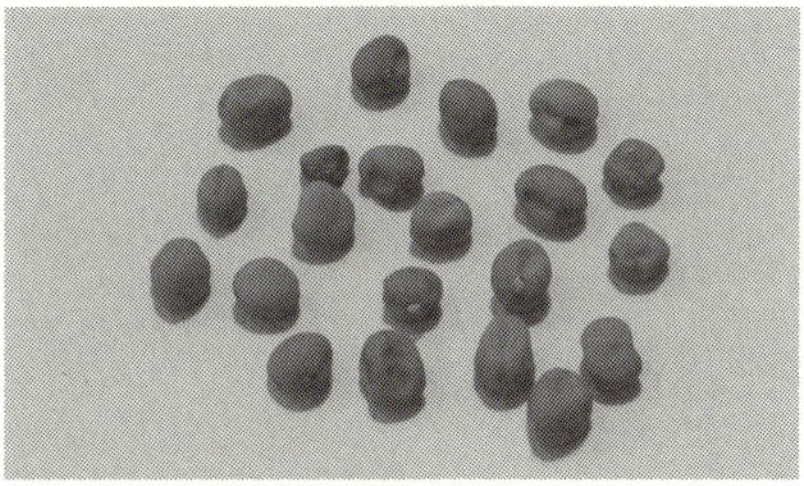
エンドウの種子（倉重在来）

青果栽培に比べて担果負担が大きく、また生育期間も長くなるので、株が弱って病害虫の被害を受けやすくなる。したがって、防除基準に沿って定期的に薬剤散布を行う。

採種の手順と種子保存

株の葉が枯れ、莢が褐変し乾燥した状態になったら、収穫する。

収穫後は莢を茎から切ってはずしてむき、未熟種子や病害虫に侵されている不良種子のほか、莢の切れはしなどの夾雑物《きょうざつぶつ》を取り除いたものをボールなどに入れて乾燥させる。エンドウゾウムシの食害によって穴のあいた種子でも発芽およびその後の生育に支障はない。

なお、ウイルス症状の出ている株からは採種しない。よく乾燥した種子を紙袋に入れて冷蔵庫内で保存する。

インゲン
〈種子で繁殖する野菜〉マメ科

採種に適した系統・品種

ケンタッキーワンダー、衣笠、黒三度、江戸川、うずら、金時ほか、地域の在来種、育成種、外来種。

採種栽培のポイント

畑づくり　一㎡当たり乾燥牛糞一kg＋苦土石灰一〇〇g、もしくはバーク堆肥一kg＋乾燥鶏糞二五〇gを種まきの一か月以上前に施用し、ただちに耕耘しておく。種まきの直前に再度耕耘して幅約七〇cmの畝をつくる。

播種　種まきは降霜《こうそう》の心配のなくなる時期以降に行う。

株間は蔓性種で約四〇cm、矮性種では約三〇cmとし、一か所の種まき数は三粒とする。一品種の株数は五株程度とする。

複数の品種を同時に採種する場合は、品種間を一m程度あける。

管理　蔓性種では出芽そろい時にキュウリ用のネットなどを用いて高さ一・五m程度の誘引用の網を張る。

一方、矮性種では風雨による倒伏《とうふく》などを防ぐため、土寄せを行う。その後は、除草以外に特別な作業はない。

開花が始まったら害虫防除のための薬剤散布を防

採種栽培のインゲンの結莢

除基準に沿って行う。散布間隔は一〇～一四日とし、蔓性種は開花期間が長いので、回数を矮性種に比べて二回程度多くする。

青果用品種のなかには一花房に数個の花がつき、結莢するものがある。これらの品種では莢が青果用として利用できる状態にまで肥大したら、採種用の莢数を一果房当たり三果程度に制限し、残りは収穫して青果として利用する。

結莢、肥大したインゲン（写真・福田俊）

採種の手順と種子保存

莢が褐変し乾燥状態になったら、逐次、収穫する。莢をむいて種子を取り出し、未熟種子や病害虫に侵されている不良種子のほか、莢の切れはしなどの夾雑物を取り除いたものを、ボールなどに入れて乾燥させる。

なお、ウイルス症状の出ている株からは採種しない。よく乾燥した種子を紙袋に入れて冷蔵庫内で保存する。

インゲンの開花（写真・福田俊）

インゲンの種子（三度成桑田在来）

ソラマメ

〈種子で繁殖する野菜〉マメ科

採種に適した系統・品種

河内一寸、武庫一寸、お多福、三連発、仁徳一寸ほか、地域の在来種、育成種、外来種。

採種栽培のポイント

畑づくり　一㎡当たり乾燥牛糞一・五kg＋苦土石灰一〇〇g、もしくはバーク堆肥一・五kg＋乾燥鶏糞二五〇gを植えつけの一か月以上前に施用し、ただちに耕耘する。植えつけ直前に再度耕耘して幅約一mの畝をつくる。

育苗および定植　これとは別に床幅約六〇cm、高さ約三〇cm、ほとんど無肥料の種まき用の床（播種床）に、一〇月中旬を目安に、種まきする。種まきは約一五cm間隔に種子を畝面に平らに並べ、種子の厚さの約二倍の厚さに土がかかるように土を寄せ、種子を五mmくらい埋め込む。

種まき後、畝の上に藁《わら》もしくは枯れ草などを被覆し、その上から十分に水やりする。

一週間程度で出芽が始まるので被覆物を取り除き、芽が地上部に出た株から掘り起こして約五〇cm間隔で栽培畑（本圃）に植えつける。このとき、できるだけ主根である直根を損傷しないように気をつける。

植えつけは種子が地上部に出る程度の浅植えとする。採種用の株数は小型種では一品種三株程度、大

約50cm間隔で畑に植えつける（武庫一寸ソラマメ）

植えつけて２週間目の生育状況（武庫一寸ソラマメ）

莢が乾燥し、黒変（武庫一寸ソラマメ、写真・小林保）

ソラマメの結莢（武庫一寸ソラマメ、写真・小林保）

莢をむいて種子を取り出す（武庫一寸ソラマメ、写真・小林保）

型種では同五株程度とする。複数の品種を同時に採種する場合は品種間を二m程度あける。

管理　冬季間の作業は除草および害虫防除が主で、アブラムシやムギダニなどの発生に注意する。

ソラマメはマメ類のなかでは交雑率が高いため、交雑防止のために、開花前に３００＃の寒冷紗でつくった大型の防虫網の袋で採種株全体を被覆する。株数の多い場合は全体を二～三ブロックに分けて被覆するのがよい。

四月になり開花が始まったら、整枝を始める。まず老化した主茎を株元から切除する。次に優勢な第一次、二次分枝を八本程度残し、残りはすべて切除する。切除した部分から再生するひこばえも小さいうちに切除し、果実への養分の集中をはかる。

ソラマメは病害虫の被害を受けやすいため、生育初期から防除基準に沿って定期的に薬剤散布を行う。

アブラムシの被害を恐れて生長点（茎頂《けいちょう》）の部分を切除する人がいるが、この部分はもっとも若い組織で、日光もよく当たり光合成能力はもっとも高い。この部分を切除すると子実《しじつ》の肥大に多大な悪影響を及ぼすため、切除してはならない。

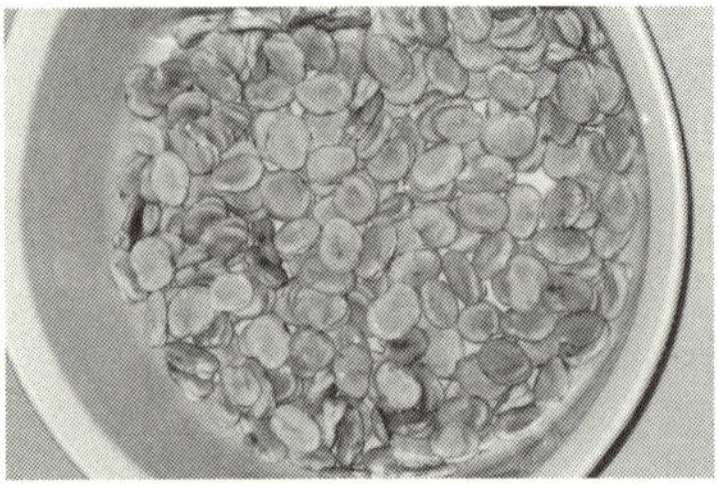

種子をボールに並べ、乾燥させる

ソラマメの種子（そら豆姫路在来）

結莢が一段落したら、防虫網の袋を取り除き、遅れて開花結実する可能性のある組織を切除して病害虫の発生源を絶ち、養分の分散を防止する。

採種の手順と種子保存

莢が黒変し乾燥したものから収穫し、ただちに莢をむいて種子を取り出す。種子のうち、種皮の破れたものや病害などの被害を受けて黒変したもの、きわめて小さいものなどの不良種子のほか、莢の一部などの夾雑物を取り除いたものを、ボールなどに入れて乾燥させる。

ビールのつまみや高級日本料理の素材として重宝されるおはぐろのない系統は、この時期に選抜する。ソラマメゾウムシの被害を受けて穴のあいた種子も発芽やその後の生育に支障はない。大型の種子には大型になるための因子が集積されているといわれており、ウイルスの罹病回避も含めて、とくに大型品種の種子は大型のものだけを採ることが大切である。

なお、ウイルス症状のある株からは採種しない。よく乾燥した種子を紙袋に入れて冷蔵庫内で保存する。

〈種子で繁殖する野菜〉マメ科

エダマメ（ダイズ）

採種に適した系統・品種

だだ茶豆、黒崎茶豆、五葉黒豆、秘伝、いうなよ、一人娘、丹波黒ほか、地域の在来種、育成種。

採種栽培のポイント

畑づくり　一㎡当たり乾燥牛糞一・五kg＋苦土石灰一〇〇g、もしくはバーク堆肥一・五kg＋乾燥鶏糞二五〇gを植えつけの一か月以上前に施用し、ただちに耕耘する。植えつけの直前に再度耕耘して幅約九〇㎝の畝をつくる。

播種および定植　エダマメを含むダイズ品種は、その開花時期と開花後登熟《とうじゅく》（穀物やマメ類の種子が次第に発育・肥大し、炭水化物やタンパク質が集積されること）までの積算温度の違いから、いくつかのグループに分類されている。

青果用として収穫適期のエダマメ（写真・熊谷正）

開花期は日長に大きく左右されることがわかっており、早生種は花芽分化《かがぶんか》する限界日長が長く、晩生《ばんせい》種は短いため、開花期は早生種ほど早い傾向にある。一般に北海道など北日本原産の品種は早生種が多く、九州など西日本原産の品種は晩生種が多い。

とくに赤道直下原産の品種は八月下旬の短日期にならないと開花せず、きわめて晩生である。

エダマメにも極早生種から極晩生種まで品種がたくさんあり、種まきの適期も品種によって異なる。

つまり極早生種ほど開花期が早いため、開花期までに大きい栄養体をつくるには、それなりに早くまく必要がある。

しかし、一般には早生と思われている山形県を原産地とする「だだちゃ豆」の採種のための種まき期（播種期）は、七月上旬が適期である。これより早くまくと熟期がそろわず、発芽も不ぞろいになりやすい。

エダマメの発芽（写真・福田俊）

エダマメの生育（写真・福田俊）

エダマメの開花（写真・福田俊）

そのほかの品種では大体、次のとおりである。

本葉二枚程度の苗を露地に定植するとした場合の種まきに適した時期は、極早生種で四月下旬（ハウス内育苗）、以下極晩生種の丹波黒で六月中旬となる。株間は、極早生種で約二〇cm、極晩生種で約五〇cmとする。

直まきする場合は一か所三粒まきとし、必ずハトよけの防鳥網をかける。出芽《しゅつが》そろい時に一か所一本に間引く。

株数は、品種の早晩にかかわらず一品種一〇株程度とする。複数の品種を同時に採種する場合は、品種間を一m程度あける。

管理　活着後、生育を始めたら本葉五枚程度で摘心し、一～二回の土寄せを行って風雨による倒伏に備える。台風などにより倒伏した場合は、早めに株を起こして丈夫な支柱を立て、これに誘引する。ま

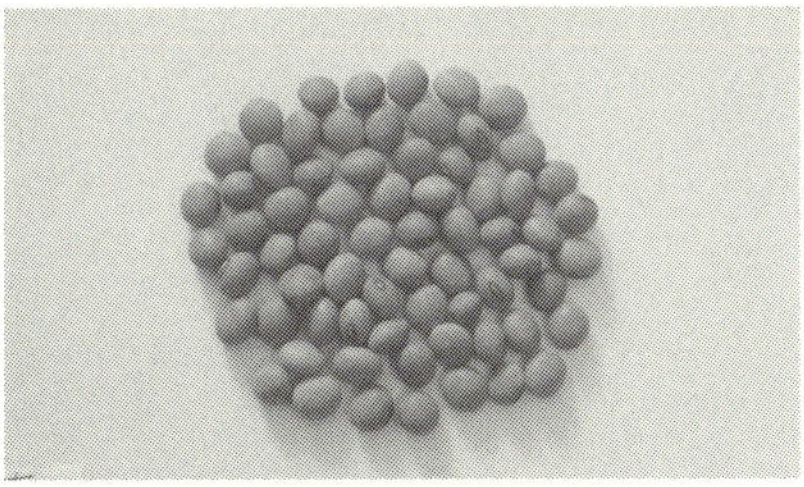

エダマメ（青大豆）の種子（写真・熊谷正）

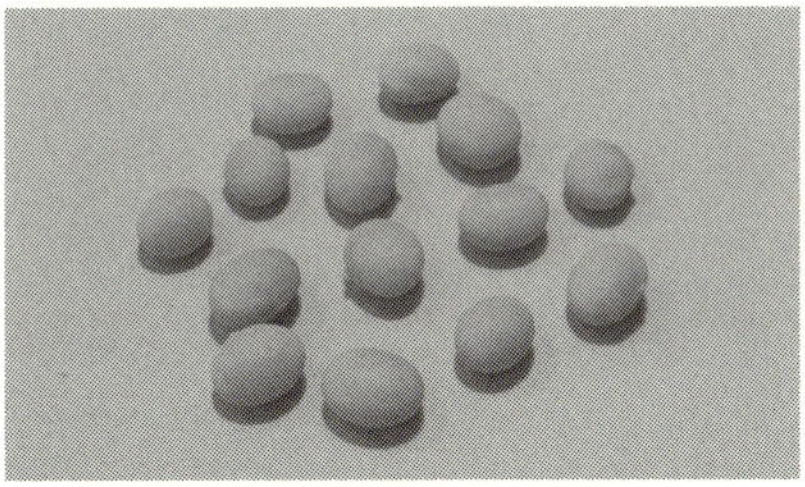

エダマメ（緑大豆）の種子（いうなよ）

エダマメ（黒大豆）の莢が褐変（兵庫県篠山市、写真・丹野清志）

た、雑草は早めに取り除く。

　エダマメは病害虫の発生が多く、致命的な被害を受けることも多いので、防除基準に沿って適期に薬剤散布を行う。とくに開花が始まったら、害虫防除を中心に七〜一〇日おきに二〜三回必ず行う。

採種の手順と種子保存

　落葉が始まり莢が褐変してきたら収穫を始める。なかには莢のはじける品種があるため、よく観察して採り遅れないようにする。

　収穫した莢は、ボールなどに入れて上から新聞紙などで覆い莢がはじけたときに種子が室内に飛び出さないようにする。ある程度乾燥したのち、莢をむいて種子を取り出す。

　発育不良や病害虫の被害を受けた不良種子および他の夾雑物を取り除いた後、ボールなどに入れて乾燥させる。

　なお、ウイルス症状の出ている株からは採種しない。よく乾燥した種子を紙袋に入れて冷蔵庫内で保存する。

アズキ

〈種子で繁殖する野菜〉 マメ科

採種に適した系統・品種

大納言、白小豆ほか、在来種。

採種栽培のポイント

畑づくりおよび播種　乾燥する季節に種まきしなければならないが、直まきが普通である。一㎡当たり乾燥牛糞一・五kg＋苦土石灰一〇〇g、もしくはバーク堆肥一・五kg＋乾燥鶏糞二五〇gを種まきの一か月以上前に施用し、ただちに耕耘する。種まきの直前に再度耕耘して幅七〇cmの畝をつくる。

七月上旬に株間二五cmで一か所三粒まき、一品種の株数は一〇株程度とする。複数の品種を同時に採種する場合は品種間を一m程度あける。

管理　生育中期に倒伏防止のための土寄せを行う。雑草は早めに取り除く。

七月下旬～八月上旬に開花が始まるのでこのころから防除基準に沿って薬剤散布を行う。ウイルス症状の激しい株は抜き取る。

一斉開花のしばらく後に開花する花は、結実しても成熟に至る前に霜にあって枯れる可能性が高いので、開花時に切除する。

採種用アズキの結莢

採種の手順と種子保存

九月下旬ころから莢に品種特有の着色が始まる。着色直後から莢がはじける品種もあるため、着色した莢から順番に収穫する。

莢ごと乾燥させる（黒アズキ）

莢入りの白アズキを乾燥

収穫した莢はボールなどに入れて乾燥した室内に置き、上から新聞紙などで覆い、莢がはじけたときに種子が室内に飛び出さないようにする。

収穫終了後に莢の皮をむいて種子を取り出す。未熟種子や病害虫に侵された被害種子、割れや変形などの異常種子や異物などを除去した後ボールなどに入れて乾燥させる。

よく乾燥した種子は、紙袋に入れて冷蔵庫内で保存する。

春日大納言。俵型を縦に積み上げることができる（兵庫県丹波市、写真・柳田隆雄）

アズキの種子（京都大納言）

ササゲ

〈種子で繁殖する野菜〉　マメ科

採種に適した系統・品種

三尺ささげ、十六ささげ、紀の川ほか、地域の在来種、育成種。

採種栽培のポイント

畑づくり　一㎡当たり乾燥牛糞一・五kg＋苦土石灰一〇〇g、もしくはバーク堆肥一・五kg＋乾燥鶏糞二〇〇gを種まきの一か月以上前に施用し、ただちに耕耘しておく。種まきの直前に再度耕耘して、幅約七〇㎝の畝をつくる。

播種　ササゲは高温でよく生育するため、種まきは五月以降に行う。株間は約五〇㎝、一か所三粒まきとし、出芽後は一本に間引く。一品種の株数は五株程度とする。

複数の品種を同時に採種する場合は、品種間を一m程度あける。

管理　出芽直後に、キュウリネットなどを用いて高さ一・五m程度の誘引用の網を張る。

開花結莢が始まったら、採種用に残す莢《さや》数を一株当たり一〇個程度に制限し、それ以外は若莢の状態で収穫し野菜として利用する。

ササゲは生育初期からのアブラムシと開花時にササゲゾウムシの加害がある以外は病害虫の発生はほとんど見られないが、雑草防除を早めに行うとともに、これら害虫を対象とした薬剤散布を行う。

採種の手順と種子保存

莢が着色して乾燥状態になったら、収穫する。莢をむいて種子を取り出し、未熟種子や病害虫に侵された不良種子および他の夾雑物を取り除いた後、ボールなどに入れて乾かす。

なお、ウイルス症状の出ている株からは採種しない。よく乾燥した種子は紙袋に入れて冷蔵庫内で保存する。

フジマメ

〈種子で繁殖する野菜〉　マメ科

採種に適した系統・品種

赤花系、白花系。

採種栽培のポイント

畑づくり　一㎡当たり乾燥牛糞一・五kg＋苦土石灰一〇〇g、もしくはバーク堆肥一・五kg＋乾燥鶏糞二〇〇gを種まきの一か月以上前に施用し、ただちに耕耘しておく。種まきの直前に再度耕耘し、幅約一・二mの畝をつくる。

播種　フジマメは高温でよく生育するため、種まきは六月以降に行う。株間は蔓性種で約七五㎝、矮性種では約四〇㎝とし、一か所三粒播きとする。出芽後は一本に間引く。株数は蔓性種で三株程度、矮性種では五株程度とする。複数の品種を同時に採種する場合は、品種間を一m程度あける。

管理　生育は非常に旺盛でたくさんの実がつくため、蔓性種では出芽そろい時に丈夫な支柱を立て、誘引用に漁網などの丈夫な網を約一・八mの高さに張る。

開花は短日となる八月以降に始まるため、早く開花した花房から採種する必要がある。遅れて開花結莢したものは若莢もしくは未熟種子の状態で収穫し、青果で利用することで採種用の種子の充実を妨げないよう心がける。フジマメは病害には強いが、害虫の被害があるため、生育初期の除草とともに防除基準に沿って適期に薬剤散布を行う。

採種の手順と種子保存

莢が褐変し乾燥状態になったら、収穫する。

莢をむいて種子を取り出し、未熟種子や病害虫に侵された不良種子および他の夾雑物を取り除いた後、ボールなどに入れて乾かす。なお、ウイルス症状の出ている株からは採種しない。よく乾燥した種子を紙袋に入れて冷蔵庫内で保存する。

オクラ

〈種子で繁殖する野菜〉アオイ科

採種に適した系統・品種

五角、グリーンファイブ、ベターファイブほか、地域の在来種、育成種、外来種。

採種栽培のポイント

畑づくり　一㎡当たり乾燥牛糞二kg＋苦土石灰一〇〇g、もしくはバーク堆肥二kg＋乾燥鶏糞三〇〇gを定植の一か月以上前に施用し、ただちに耕耘後、幅約八〇cmの畝をつくり、雨を見て全面に黒マルチを行う。

育苗および定植　ビニールハウス内の温床に三月下旬に種まきし、出芽後、九cmの黒ポリポットに上げて育苗し、本葉三枚程度に育った苗を四月下旬～五月上旬に株間約五〇cmに植えつける。一品種の株数は五株程度とする。

複数の品種を同時に採種する場合は、品種間を一m程度あける。

管理　開花が始まる直前に各株ごとに丈夫な支柱を立ててそれに誘引し、風雨による倒伏防止対策を行う。さらに３００#の寒冷紗でつくった大型の防虫網の袋を、各品種ごとに採種株全体にかける。

二～三番果までは青果として収穫し、その後の果実から採種する。一株からの採果数は五～六果とし、その後の果実は再び青果として利用する。採種用果

オクラの結実（写真・福田俊）

オクラの開花（写真・福田俊）

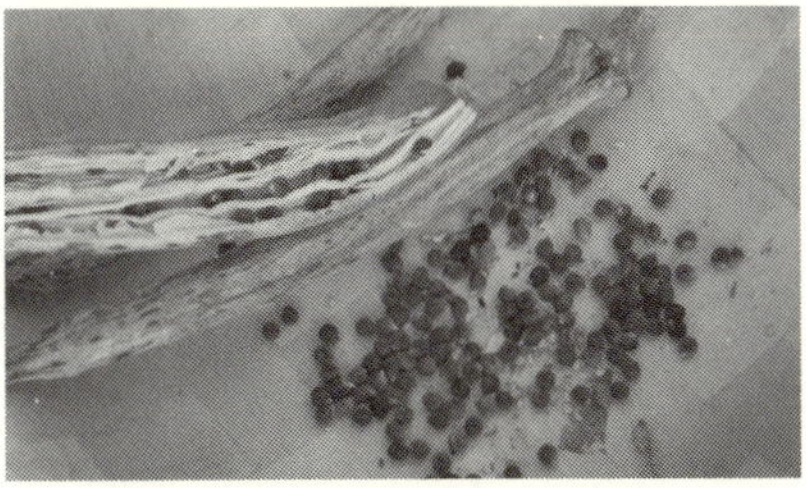
オクラの莢を割り、種子(八丈オクラ)を取り出す

オクラの種子(テヘラン)

果実全体が褐変し、採種用としての収穫期を迎える

実の着果が完了したら、防虫網の袋は取りはずす。

葉腋《ようえき》（葉の付け根）から発生する腋芽や下部の老化葉などは適宜、除去し、果実への養分の集中をはかる。

また、生育途中の傷などにより変型した果実は早めに除去し、採種果とはしない。

ワタリンガやアブラムシなど害虫の加害がある場合は、防除基準に沿って適期に薬剤散布を行う。

採種の手順と種子保存

残しておいた株の果実（莢）が褐変し、陵の部分に亀裂が出てきたら、果実を切り取って収穫する。

莢を割って中の種子を取り出し、未熟種子や病害虫に侵されている不良種子のほか、果実の断片などの夾雑物を取り除いた後、ボールなどに入れてよく乾かす。よく乾燥した種子を紙袋に入れて冷蔵庫内で保存する。

トウモロコシ
〈種子で繁殖する野菜〉イネ科

採種に適した系統・品種

もちとうもろこしほか、地域の在来種。

採種栽培のポイント

畑づくり　一㎡当たり乾燥牛糞一・五kg＋苦土石灰一五〇g、もしくはバーク堆肥一・五kg＋乾燥鶏糞三〇〇gを植えつけの一か月以上前に施用し、ただちに耕耘後、幅約七〇cmの畝をつくり、雨を見て全面に黒マルチを行う。

育苗および定植　三月下旬にハウス内で一辺五cmのジフィーポットもしくは径七・五cmの黒ポリポットに二粒まきし、本葉二枚程度に育った苗を四月下旬に株間約五〇cmに植えつける。一品種の株数は五株程度とする。

複数の品種を同時に採種する場合は、品種間を三m程度あける。

管理　下部から発生する腋芽を早めに取り除きながら、生育初期に丈夫な支柱を立ててこれに誘引し、風雨による倒伏防止対策を行う。雄穂《ゆうずい》の抽出期ころに雌穂《しずい》に袋かけを行う。袋はクラフト紙の長形1号(例えば一四二×三三二㎜)が適する。

一株の袋かけ数は大型種で一穂、小型種で二穂程度とする。

交配　雌穂から絹糸が抽出しはじめたら交配を開始する。晴天日の早朝に雌穂の袋をはずして雄穂の花粉をかけ、再び雌穂に袋をかける。これを数日繰り返し、雄穂の花粉がなくなるまで続ける。

交配後の管理　腋芽を完全に除去した株では、雄穂が同じ株の雌穂を完全に受精させるほどの花粉量を持たないため、雌穂は完全には着粒しない。

したがって、雄穂の花粉が出なくなっても雌穂の受精能力は残っている可能性があり、この状態で雌穂の袋をすぐにはずしてはならない。

絹糸の抽出から二週間以上経てば、袋をはずして

収穫期のトウモロコシ（写真・福田俊）

トウモロコシの雄穂（写真・福田俊）

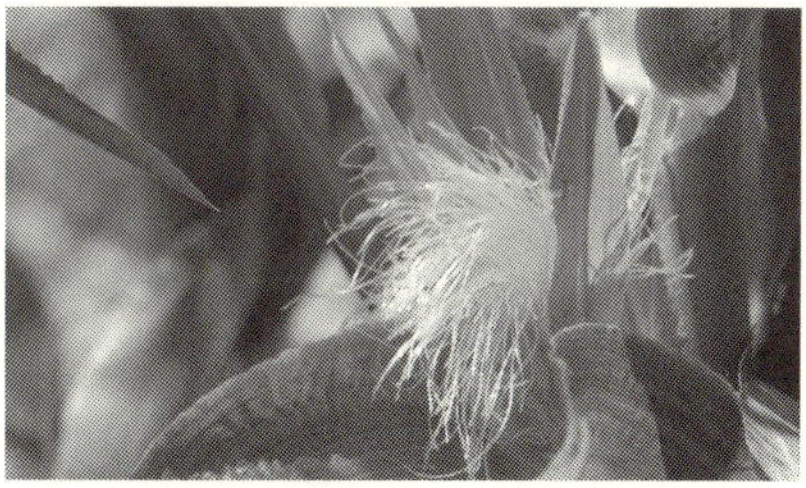

トウモロコシの雌花（写真・福田俊）

もよい。

トウモロコシには多くの害虫が連続して加害するため、生育初期から防除基準に沿って数回の薬剤散布を行う。

また、結実後は鳥やタヌキなどの鳥獣害が懸念されるため、丈夫な防鳥網を張る必要がある。

採種の手順と種子保存

雌穂を覆っている皮が褐変して乾燥し、果実が硬化してきたら、収穫する。

トウモロコシの種子（もちとうもろこし）

収穫した雌穂から完全粒のみを手でそぎ落としたりして、ボールなどに入れて乾かす。

キセニヤ現象の見られる穂からは採種しない。よく乾燥した種子を紙袋に入れて冷蔵庫内で保存する。

ハクサイ
〈種子で繁殖する野菜〉アブラナ科

採種に適した系統・品種

愛知、加賀山東、京都三号、たけのこ、長崎、野崎白菜新二号ほか、地域の在来種、育成種。

採種栽培のポイント

畑づくり　一㎡当たり乾燥牛糞二kg＋苦土石灰一〇〇g、もしくはバーク堆肥二kg＋乾燥鶏糞三〇〇g、これらに加えてホウ砂一gを植えつけの一か月以上前に施用し、ただちに耕耘後、幅約二・五mの畝をつくり、雨を見て全面に黒マルチを行う。

育苗および定植　一辺五㎝のジーフイポットもしくは径七・五㎝の黒ポリポットに四〜五粒まきし、二回間引いて一本にした本葉四枚程度の苗を九月中旬に条間、株間ともに約五〇㎝で四条（四列）に植えつける。

収穫したばかりのハクサイ（青慶、写真・熊谷正）

内側の二条に植えた四〜六株を将来、採種用として防虫網をかける予定株とし、その外側をぐるりと同一品種の株が取り囲む状況をつくりだす。したがって、実際の採種株数は全体の四分の一程度にすぎないが、採種栽培に必要な株数は二〇株程度となる。

複数の品種またはAゲノムを持ったつけ菜類（複二倍体のカラシナ類、西洋ナタネ、ルタバガを含む）やカブ類を同時に採種する場合は、各品種、種類間を三m程度あける。ちなみに二倍体とは基本数の二

〔防虫網を採種予定株にかける〕

倍の染色体を持つ細胞・個体をいう。

ハクサイは完全に結球した状態で冬を越すと寒害を受けるおそれがあるため、採種栽培での種まき期は青果栽培の場合に比べて一〇日程度遅らせる。したがって、完全結球《けっきゅう》（球状になる）に至らない株ができる場合もあるが、採種に問題はない。

越冬中の株はほとんど生育を停止し、ひたすら寒さに耐えているが、春になり気温が上昇してくると再び生育を開始する。越冬中にできた花芽は発育を開始し、茎が伸びてとう立ち（抽薹《ちゅうだい》）してくる（抽薹とは植物の茎が、日照時間や温度の変化により節間の伸長によって急速に伸びること。とう立ち）。

管理　かたく結球した株では、結球葉によって茎の伸長が妨げられることがあるため、結球頂部に十字の切れ目を入れてとう立ちした茎が真っすぐに伸びるように手助けをしてやる。採種株（実際に採種する株およびその周辺に植えた株も含む）のなかでとくに異常な生育をする株は、早めに取り除く。

周辺部の株が満開になったら、３００＃の寒冷紗でつくった大型の防虫網の袋を採種予定株にかける。

このとき、採種予定株の開花、結鞘《けっしょう》している花や鞘《さや》は、すべて摘除する。

採種株の周辺に植えた株の着鞘《ちゃくしょう》がほとんど完了し、交雑防止の役割が終了したら、これら周辺部の株はすべて抜き取る。

このとき、一度防虫網の袋をはずして採種株に残っている生育遅れの花や蕾はすべて摘除するが、防虫網の袋は再度採種株にかけておく。これは若い鞘を狙ってくる野鳥の被害を防ぐためである。

種まきから収穫まで約一〇か月の長期にわたる栽培となるため、株を病害虫の被害から守るための薬剤散布は、防除基準に沿って定期的に行う。

有機農法によるハクサイ畑（群馬県渋川市、写真・熊谷正）

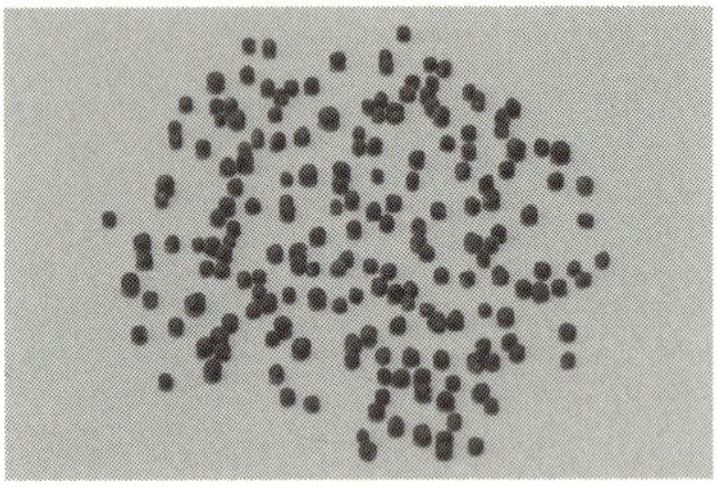
ハクサイの種子（笹川綿帯白菜）

採種の手順と種子保存

開花そろいから約二か月で株全体が淡褐色を呈すようになり、収穫期を迎える。開花は下部から上部に向かって進むため、成熟も同様に下部から上部に向かって進む。全体の九割程度が淡褐色に着色していれば、収穫してよい。収穫時に株の下部についている未熟なひこばえは取り除く。

鞘が成熟してきたころに茎を株元から刈り取り、雨のかからない軒下もしくはビニールハウス内などで軽く乾燥させる。乾燥したものはビニールのブルーシートやござの上で棒で軽くたたいたり、片手で束を持ち、もう一方の手で鞘をほぐすように全体を揺らしたりして脱粒。鞘を取り除いた後、乾燥させて扇風機などで風選《ふうせん》する。最後は発根や裂皮した不良種子をピンセットで取り除き、ボールなどに入れて短時間、天日乾燥し、さらに数日間、陰干しをして乾燥させる。よく乾燥した種子を紙袋に入れて冷蔵庫内で保存する。

〔ハクサイの種採りのポイント〕
①茎を株元から刈り取る
②軒下などで乾燥する
③ビニールシートの上で脱粒する
④扇風機などで風選
⑤夾雑物や不良種子を取り除く
⑥陰干しをする
⑦紙袋などに入れる
ハクサイ
品種
○○年採種
○月○日
⑧冷蔵庫で保存する
ハクサイ

ツケナ類

〈種子で繁殖する野菜〉 アブラナ科

採種に適した系統・品種

大阪しろな、小松菜、広島菜、如月菜、まな、茎立菜、水菜、壬生菜ほか、地域の在来種、育成種。

採種栽培のポイント

畑づくり　一㎡当たり乾燥牛糞一・五kg＋苦土石灰一〇〇g、もしくはバーク堆肥一kg＋乾燥鶏糞二五〇gを種まきの一か月以上前に施用し、ただちに耕耘後、幅約二・五mの畝をつくり、雨を見て全面に黒マルチを行う。

播種　条間、株間ともに約五〇㎝の四条に穴をあけ、九月中旬を中心に一か所五～六粒まきする。

ツケナ類は種類が多く、生育の早い種類から遅い種類まであるため、種まき期を調節する。

管理　出芽後、二回程度間引いて一か所一株とする。

ツケナ類はすべてAゲノムを持つ。したがって複数の品種または種類（ハクサイ、カブ、複二倍体のカラシナ類、西洋ナタネ、ルタバガを含む）を同時に採種する場合は、品種、種類間を三m程度あける。なお、ゲノムとは配偶子または細胞に含まれる染色体の一組、またはその中のDNAの総体をいう。

採種のための管理はハクサイに準ずる。ただし、ツケナ類は結球しないため、とう立ち（抽薹《ちゅうだい》）茎の伸長を助けるために行う結球部への切れ目入れは不要である。種まきから収穫まで約一〇か月の長期にわたる栽培となるため、株を病害虫の被害から守るための薬剤散布は防除基準に沿って定期的に行う。

採種の手順と種子保存

ハクサイの場合に準じ、茎の刈り取り、乾燥、脱粒、風選、夾雑物除去、陰干しを行い、紙袋に入れて冷蔵庫内で保存する。

ミズナの結実（写真・福田俊）

コマツナの開花（写真・福田俊）

ミズナの開花（写真・山根成人）

収穫期のコマツナ（東京都江戸川区、写真・樫山信也）

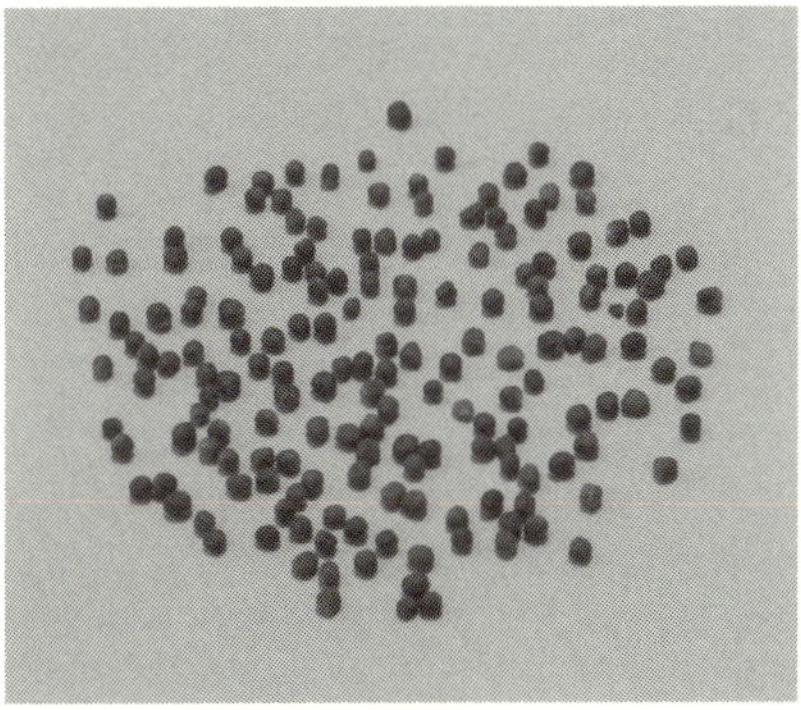

ヒロシマナの種子（中野系）

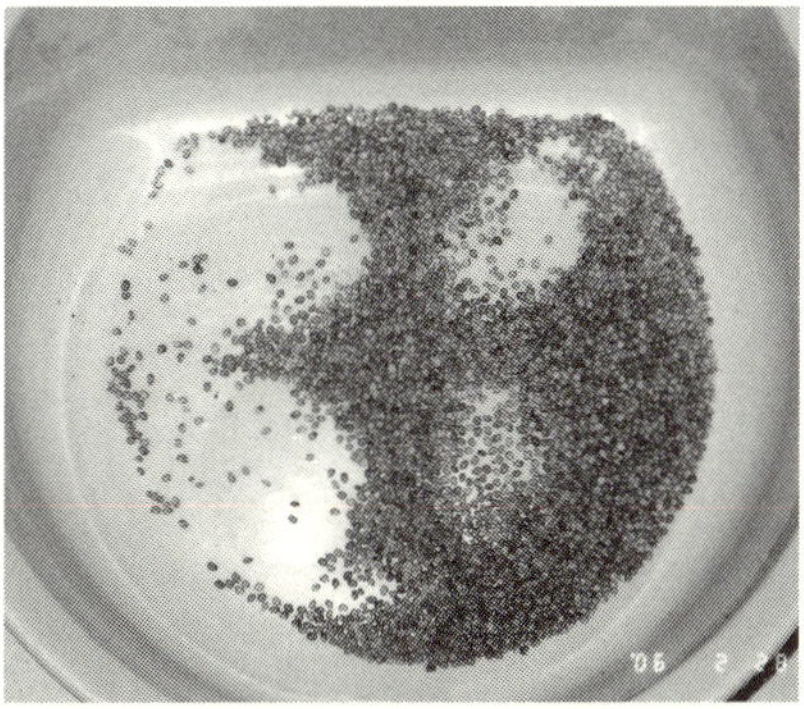

ヒロシマナを採種し、風選後に乾燥させる

カラシナ類

〈種子で繁殖する野菜〉アブラナ科

採種に適した系統・品種

三池高菜、あそ高菜、かつお菜、葉がらし菜、根がらし菜ほか、地域の在来種、育成種。

採種栽培のポイント

畑づくり　一㎡当たり乾燥牛糞一・五㎏＋苦土石灰一〇〇g、もしくはバーク堆肥一㎏＋乾燥鶏糞二五〇gを種まきの一か月以上前に施用し、ただちに耕耘後、幅約二・五mの畝をつくり、雨を見て全面に黒マルチを行う。

播種　条間、株間ともに約五〇㎝の四条に穴をあけ、九月中～下旬に一か所五～六粒まきする。

管理　出芽後、二回程度間引いて一か所一本にする。

収穫期のタカナ（写真・福田俊）

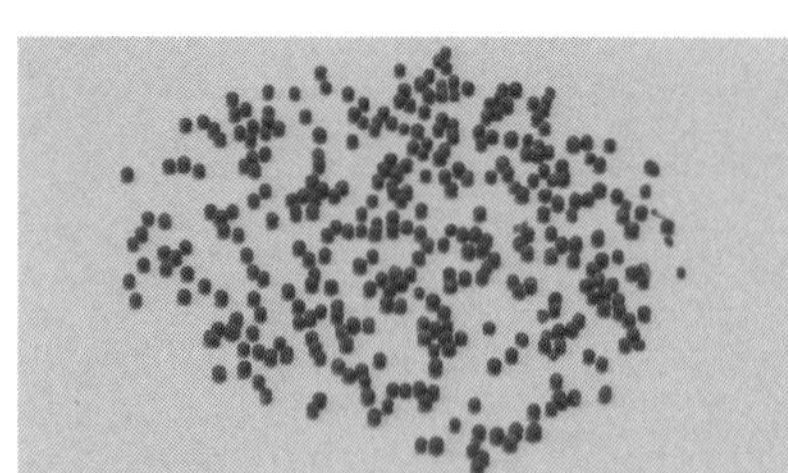

カラシナ類の種子（かつお菜）

カラシナ類はAゲノムとBゲノムを持つ複二倍体植物で、それぞれのゲノムを持った種類と交雑する。しかし、現在ではBゲノムを単独に持つクロガラシは自然界にはほとんどない。したがって、交雑の可能性のある種類は、同種類のカラシナ類やタカナ類（中国で栽培の多いザーサイやダイシンサイを含む）、Aゲノムを単独に持つハクサイ、カブ、ツケナ類、さらにAゲノムを持つ複二倍体植物である西洋ナタネやルタバガである。

これら交雑可能な品種や種類を同時に採種する場

主茎が伸長したタカナ（写真・福田俊）

合は、品種、種類間を三m程度あける。

採種のための管理は、ハクサイに準ずるため、ハクサイの項を参考にしていただきたい。

なお、カラシナ類の茎はハクサイなどに比べると高く伸長するため、場合によっては防虫網の袋を持ち上げてしまう。

これを防ぐには、主茎が高さ五〇㎝くらいに伸長したときにその先を切除し、腋芽を伸ばして開花結実させる。採種量は少し減るが倒伏も少なくなり、安全である。

種まきから収穫まで約一〇か月の長期にわたる栽培となるため、株を病害虫の被害から守るための薬剤散布は防除基準に沿って定期的に行う。

採種の手順と種子保存

ハクサイの場合に準じ、茎の刈り取り、乾燥、脱粒、風選、不良種子や夾雑物の除去、陰干しを行い、紙袋に入れて冷蔵庫内で保存する。

なお、カラシナ類の種子はハクサイなどに比べるとかなり小さい。したがって、種子を選別する場合のふるいの目の大きさには配慮する必要がある。

キャベツ

〈種子で繁殖する野菜〉アブラナ科

採種に適した系統・品種

渥美、札幌大球、中野早生、富士早生、葉深ほか、地域の在来種、育成種。

採種栽培のポイント

畑づくり　一㎡当たり乾燥牛糞二kg＋苦土石灰一〇〇g、もしくはバーク堆肥一・五kg＋乾燥鶏糞三〇〇gを定植の一か月以上前に施用し、ただちに耕耘後、幅約二・五mの畝をつくり、雨を見て全面に黒マルチを行う。

育苗および定植　七月下旬から八月上旬にかけて深さ七㎝程度の播種箱（種まき用の箱）（発泡スチロール製の箱の底に排水のための穴をあけた手づくりのものでよい）に市販の無肥料の床土を詰めて種まきする。出芽後、径九㎝の黒ポリポットに上げて育苗し、本葉五枚程度に育った苗を九月上～中旬に条間、株間ともに約五〇㎝の四条に植えつける。

札幌大球種のような巨大品種では、株間を約七〇㎝の三条植えとし、採種株として防虫網の袋をかけるのは真ん中の一条のみとする。

キャベツはCゲノムを持つグループで、同じグループにはカリフラワーやブロッコリー、子持ちカンラン（カンランはキャベツの日本名）、プチベール、

収穫期のキャベツ（グリーンボール、長野県塩尻市、写真・丹野清志）

生育期のキャベツ畑（写真・樫山信也）

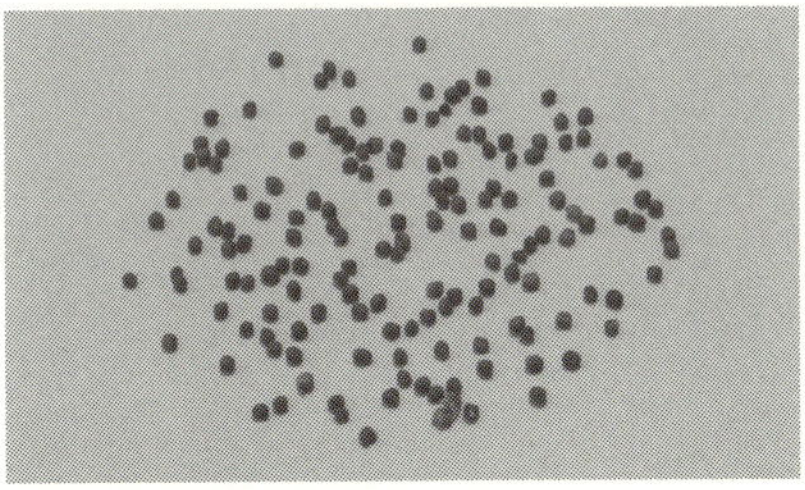
キャベツの種子（広かんらん）

キャベツの開花（写真・丹野清志）

コールラビー、ケール、カイラン、観賞用のハボタンなどがある。

交雑の可能性を持っている種類は、これらCグループのほかに、Cゲノムを持つ複二倍体植物である西洋ナタネとルタバガがある。

複数の品種および交雑可能な種類を同時に採種する場合は、異品種、種類間を三m程度あける。

管理　結球したキャベツではハクサイ同様、とう立ち（抽薹《ちゅうだい》）茎が結球部分から出やすいように春先に球の部分に十字の切れ目を入れる。

採種のための管理は、ハクサイに準ずるため、ハクサイの項を参考にしていただきたい。

種まきから収穫まで約一〇か月の長期にわたる栽培となるため、株を病害虫の被害から守るための薬剤散布は防除基準に沿って定期的に行う。

採種の手順と種子保存

ハクサイの場合に準じ、茎を株元から刈り取る。乾燥、脱粒、風選、夾雑物の除去、陰干しを行い、紙袋に入れて冷蔵庫内で保存する。

〈種子で繁殖する野菜〉アブラナ科

カリフラワー、ブロッコリー

採種に適した系統・品種

スノーボール、野崎晩生、山本はなやさい、ドシコ、知多みどりほか、地域の在来種、育成種。

採種栽培のポイント

畑づくり　一㎡当たり乾燥牛糞二kg＋苦土石灰一〇〇g、もしくはバーク堆肥一・五kg＋乾燥鶏糞三〇〇gを定植の一か月以上前に施用し、ただちに耕耘後、幅約二・五mの畝をつくり、雨を見て全面に黒マルチを行う。

育苗および定植　七月中旬ころにキャベツに準じて種まきし、径九㎝の黒ポリポットに上げて育苗し、本葉五枚程度に育った苗を八月下旬ころに条間、株間ともに約五〇㎝の四条に定植する。

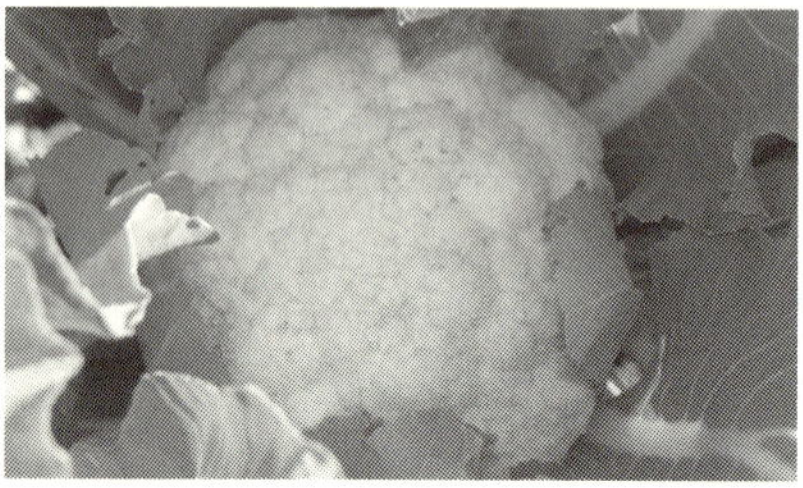

頂花蕾が大きくなったカリフラワー（写真・福田俊）

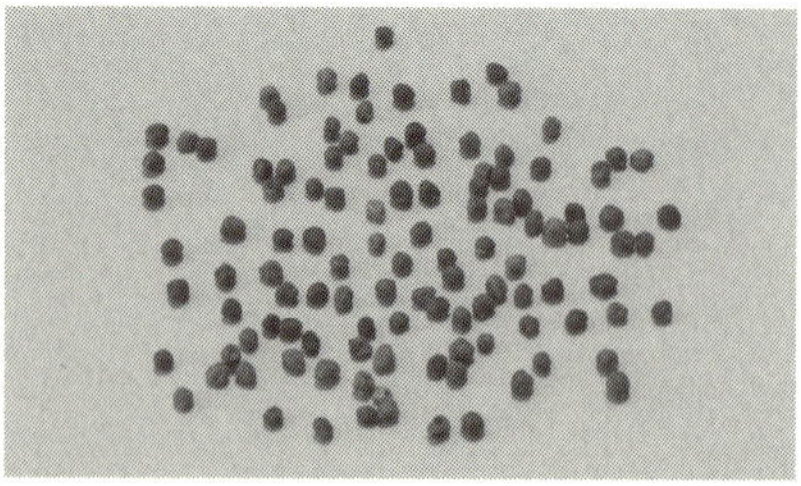

カリフラワーの種子（スノーボール）

カリフラワーの出蕾（写真・福田俊）

青果用として収穫期のブロッコリー（写真・福田俊）

管理　カリフラワーでは、花蕾《からい》が寒さに弱いため、花蕾が大きくなり、霜が降るころになったら、葉の一部を切り取って花蕾上にかぶせ、防寒した状態で越冬する。

一方、ブロッコリーでは、頂《ちょう》花蕾が大きくなったら青果用として収穫し、採種には腋《えき》花蕾を利用する。

キャベツの項で記したように、複数の品種もしくはCゲノムを持ったグループを同時に採種する場合は、異品種、種類間を三m程度あける。

採種のための管理は、ハクサイに準ずるため、ハクサイの項を参考にしていただきたい。

種まきから収穫まで約一〇か月の長期にわたる栽培となるため、株を病害虫から守るための薬剤散布は防除基準に沿って定期的に行う。

採種の手順と種子保存

ハクサイの場合に準じ、茎の刈り取り、乾燥、脱粒、風選、夾雑物の除去、陰干しを行い、紙袋に入れて冷蔵庫で保存する。

カブ

〈種子で繁殖する野菜〉アブラナ科

採種に適した系統・品種

温海、今市、伊予緋、大野紅、金町、天王寺、聖護院、博多《はかた》据《すわり》、寄居ほか、地域の在来種、育成種。

採種栽培のポイント

母本づくり　一㎡当たり乾燥牛糞一・五kg＋苦土石灰一〇〇g、もしくはバーク堆肥一kg＋乾燥鶏糞二〇〇gを種まきの一か月以上前に施用し、ただちに耕耘しておく。種まきの直前に再度耕耘して、幅約七〇cmの畝をつくり、九月上旬に株間約二〇cmに点まき（点播《てんぱ》）する。

一か所に五〜六粒まき、出芽後二回程度間引いて一株とする。

採種用の株数を六株とした場合、母本《ぼほん》選抜後の植えつけ株数は二〇株程度となるため、育成株数はこの二倍の四〇株程度必要である。

畑づくり　一方、種採り用の畑（採種圃《ほ》）は、母本選抜後の植えつけ時期を一一月中旬とした場合、これより一か月以上前に種まき畑（播種圃《はしゅほ》）とほぼ同じ肥料量を㎡当たりに施用し、ただちに耕耘後、幅約二・五mの畝をつくり、雨を見て全面に黒マルチを行う。

母本定植　地温が発根に支障のない一五℃以上ある時期に種まき畑からすべての株を抜き取り、母本選抜を行う。根部の形状や大きさ、色つやなどの形質で優れている株を二〇株程度選び、採種用として条間、株間ともに約五〇cmの四条に植えつける。

この時、採種畑（採種圃）が乾燥していれば、植え穴に十分水やり後、植えつける。貯蔵根《ちょぞうこん》の中央部から出ている長い吸収根は、定植作業の邪魔になるため、植えつけ時にこれを切除する。また、葉の先端部も三分の一程度切除する。

複数の品種およびカブと同じAゲノムを持つハクサイやつけ菜類（複二倍体のカラシナ類や西洋ナタ

収穫適期のカブ（写真・福田俊）

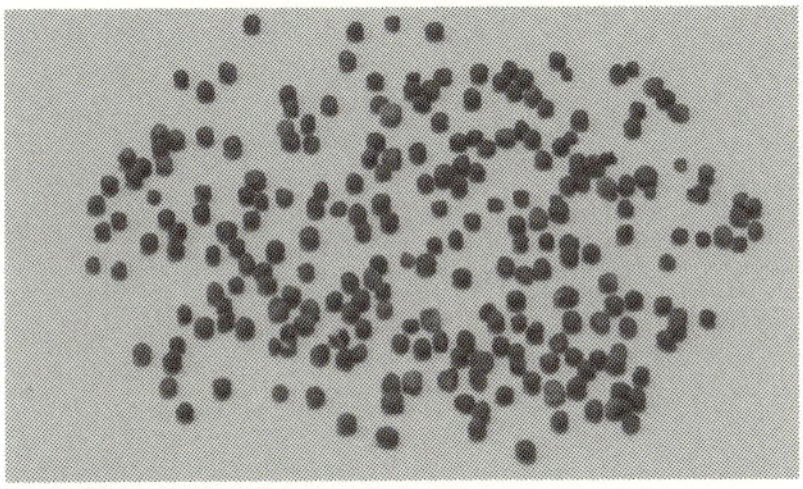
カブの種子（長崎赤かぶ）

カブの開花（天王寺かぶ、写真・山根成人）

ネ、ルタバガを含む）を同時に採種する場合は、異品種、種類間を三m程度あける。

管理　採種のための管理は、ハクサイに準ずる。

なお、母本選抜をして植えつけた株は、直まきした株に比べて根の張りが悪い場合がある。このような株は開花結実後の風雨により倒伏するおそれがあるため、各株に丈夫な支柱をしてこれに誘引し、倒伏しないよう心がける。

種まきから収穫まで約一〇か月の長期にわたる栽培となるため、株を病害虫の被害から守るための薬剤散布は防除基準に沿って定期的に行う。

採種の手順と種子保存

ハクサイの場合に準じ、鞘が成熟してきたころに茎を株元から刈り取り、軒下やビニールハウス、室内などで乾燥させる。ビニールシートの上などで鞘を手でもんだり、棒で軽くたたいたりして種子を取り出す。風選後、不良種子や夾雑物を除去し、短時間の天日乾燥、数日間の陰干しを行う。その後、乾燥した種子を紙袋に入れて冷蔵庫内で保存する。

ダイコン

〈種子で繁殖する野菜〉アブラナ科

採種に適した系統・品種

赤筋、打木源助、切太、桜島、聖護院、二年子、三浦、みの早生、宮重、理想、大蔵ほか、地域の在来種、育成種。

採種栽培のポイント

母本づくり　一㎡当たり乾燥牛糞一・五kg＋苦土石灰一〇〇g、もしくはバーク堆肥一・五kg＋乾燥鶏糞三〇〇gを種まきの一か月以上前に施用し、ただちに耕耘しておく。種まきの直前に再度耕耘して、幅約七〇㎝の畝をつくり、九月上旬に株間約二五㎝に点まきする。辛味種は施肥量を半分程度とする。

一か所四～五粒まき、出芽後二回程度間引いて一か所一株とする。採種株数を六株とした場合、母本選抜後の植えつけ株数は二〇株程度となるため、育成株数はこの二倍の四〇株程度必要である。

畑づくり　一方、採種畑は、母本選抜後の植えつけ時期を一一月中旬とした場合、これより一か月以上前に種まき畑とほぼ同等の肥料量を一㎡当たりに施用し、ただちに耕耘後、幅約二・五mの畝をつくり、雨を見て全面に黒マルチを行う。

母本定植　地温が発根に支障のない一五℃以上ある時期に種まき畑からすべての株を抜き取り、母本選抜を行う。根部の形状や大きさ、色つやなどの形

収穫期のダイコン（埼玉県所沢市、写真・樫山信也）

ダイコンの母本選抜（笹木三月子）

ダイコンの結実（うぐろ）。防虫網の中の遅れ花を除去し、網周辺の株を抜き取る

採種予定株（笹木三月子）に防虫網をかけておく

質で優れた株を二〇程度選び、採種用として条間、株間ともに約五〇㎝の四条に植えつける。

この時、採種畑が乾燥していれば、植え穴に十分水やりした後に植えつける。貯蔵根の中央部から出ている長い吸収根は植えつけ作業の邪魔になるため、植えつけ時にこれを切除する。

長根種は根部を斜めにして埋め込むと植えつけ作業が楽である。このとき葉の先端部を三分の一程度切除する。異なる品種を同時に採種する場合は、品種間を三m程度あける。

管理　採種のための管理は、ハクサイに準ずる。なお、ダイコン属はアブラナ属に比べて種子の入っている鞘が肉厚で、病原菌の被害を受けやすい。

種まきから収穫まで約一〇か月の長期にわたる栽培となるため、株を病害虫の被害から守るための薬剤散布は防除基準に沿って定期的に行う。

母本選抜をして植えつけた株は、根の張りが不十分で倒伏しやすい場合もあるため、カブの場合と同様に、すべての株に丈夫な支柱を立ててこれに誘引し、倒伏防止対策を行う。

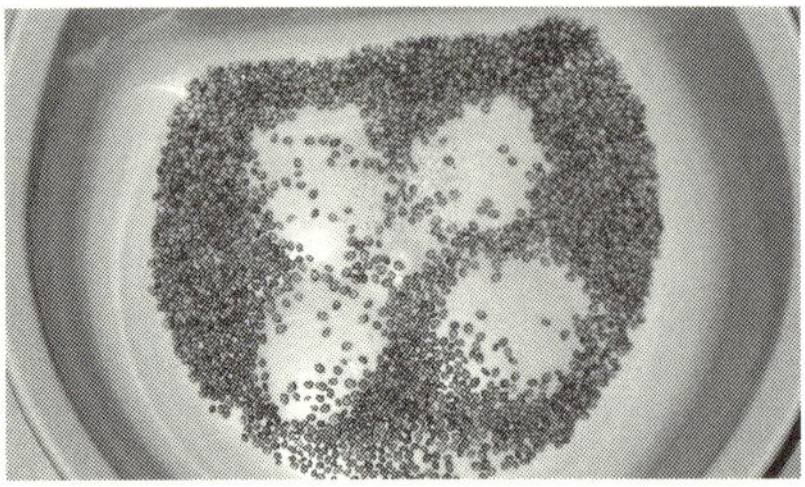

鞘をはずし、風選後、ボールに入れて乾燥させる

ダイコンの結実

ダイコンの種子（白首長尻宮重大根）

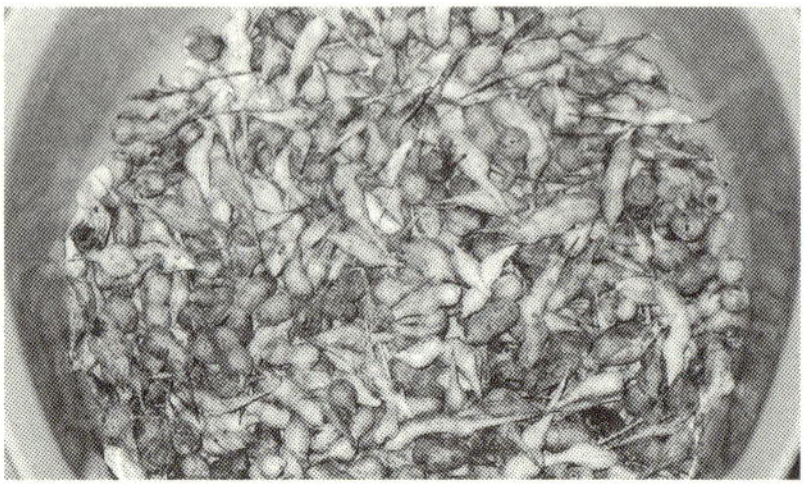

乾燥させた鞘を枝からもぎ取る

開花そろいから約二か月で株全体が淡褐色を呈するようになり、収穫期を迎える。

開花は下部から上部に向かって進むため成熟も同様に下部から上部に向かって進む。全体の九割程度が淡褐色に着色していれば収穫してよい。収穫時に株の下部についている未熟なひこばえは取り除く。

採種の手順と種子保存

鞘が成熟してきたころに茎を株元から刈り取り、雨のかからない軒下もしくはビニールハウス内でよく乾燥させる。乾燥した鞘を枝からもぎ取り、ビニールシートやござの上で鞘をビール瓶などでたたいたりしてつぶし、中から種子を取り出す。このとき辛味種など野生に近い種類では鞘が非常にかたいものもあるためペンチなどを用いることも必要となる。鞘を取り除いた後、扇風機などで風選する。

最後は発根や裂皮した不良種子をピンセットで取り除き、ボールなどに入れて短時間の天日乾燥、数日間の陰干し後、よく乾燥した種子を紙袋に入れて冷蔵庫内で保存する。

〔ダイコンの種採りのポイント〕
①茎を株元から刈り取る
②軒下などで乾燥する
③鞘を枝からもぎ取る
④種子を鞘から取り出す
Beer
⑤扇風機などで風選
⑥夾雑物や不良種子を
取り除く
⑦陰干しをする
⑧紙袋などに入れて冷蔵庫で
保存する
採種
年月日
ダイコン
品種

〈種子で繁殖する野菜〉セリ科
セルリー（セロリ）

採種に適した系統・品種

コーネル、ユタ、ミニセルリーほか。

採種栽培のポイント

育苗　六月中旬ころに日中は日陰となる涼しい場所で肥料分のない人工培土《ばいど》（塩分のない砂でもよい）に種まきする。二週間程度で出芽するので過密部を間引いて、約五〇〇倍に薄めた液肥を二週間おきに施用しながら育てる。

本葉二・五枚程度になったら径七・五cmの黒ポリポットに上げて本葉七枚程度になるまで育苗する。

畑づくり　一㎡当たり乾燥牛糞二・五kg＋苦土石灰一〇〇g、もしくはバーク堆肥二・五kg＋乾燥鶏糞四〇〇gを植えつけの一か月以上前に施用し、ただちに耕耘後、幅約二・五mの畝をつくり、雨を見て全面に黒マルチを行う。

定植　九月上旬に条間、株間ともに約五〇cmの四条に植えつける。植えつける株数は二〇株程度とし、中央部の数株から採種する。

耐寒性は必ずしも強くないので、寒さの厳しい地域ではトンネル被覆などによる防寒対策を行う。

管理　とう立ち（抽薹《ちゅうだい》）は年内から年明けにかけて徐々に見られるが、あまり早くとう立ちする株は抜き取り、晩抽《ばんちゅう》（とう立ちの遅い）株から採種するように心がける。

複数の品種の同時採種を行わず、また周辺一〇〇m以内にセルリー（セロリ）やキンサイの採種がなされていない場合は、採種株に防虫網の袋をかける必要はない。しかし、これらの採種畑が近くにある場合や、複数の品種を同時採種する場合は、アブラナ科のハクサイの項で記したように、品種間を三m程度あけ、採種株に防虫網の袋をかける。

株を病害虫の被害から守るための薬剤散布は、防除基準に沿って生育初期から定期的に行う。

セルリーの栽培地（長野県原村、写真・丹野清志）

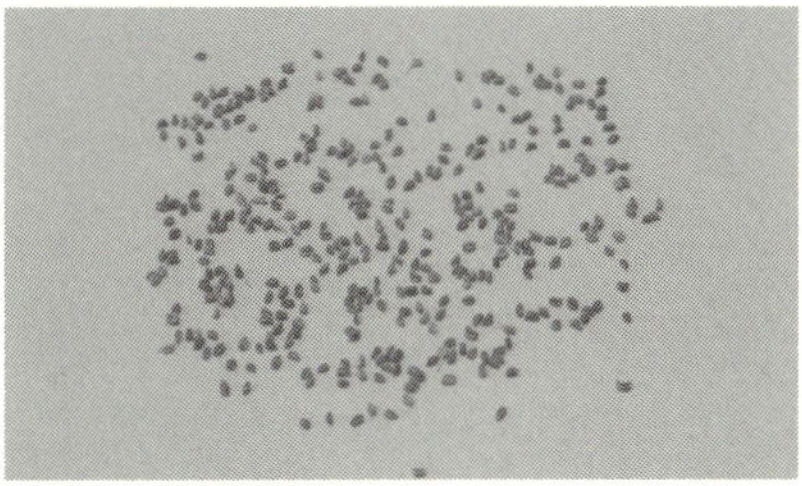

セルリーの種子

収穫期のセルリー（長野県原村、写真・丹野清志）

交配　『野菜園芸大事典』の記述を引用すると、「セルリーは雄蕋《おしべ》先熟で、雄蕋は開花日の夕方には落ちてしまう。一方、雌蕋は開花6日後から受精能力を生じ、この能力はその後数日間保たれる。従って、同一花での自殖種子は出来ない。風の影響の少ない施設内で採種する場合は開花1週間目位から数日間隔で花冠を叩くなどして人工授粉すると良く結実する。開花期間は約1か月、開花後30〜50日で収穫になる」とされている。

採種の手順と種子保存

同じく『野菜園芸大事典』によれば「収穫は小枝の褐変したものから順番に数回にわけて行う必要がある。種子は非常に小さいので、細かい篩《ふるい》と風選により選別する」とされている。

選別した種子はボールなどに入れて陰干しをする。よく乾燥した種子を紙袋に入れて冷蔵庫内で保存する。

パセリ

〈種子で繁殖する野菜〉 セリ科

採種に適した系統・品種

鯉城、パラマウント、瀬戸パラマウント、中里ほか、地域の在来種、育成種、外来種。

採種栽培のポイント

育苗 五月上旬に深さ約七cmの播種箱（種まき用の箱）に人工培土を入れて種まきする。約一〇日で出芽してくるので、五〇〇倍に薄めた液肥を施用しながら過密部を間引いて本葉二枚くらいまで育て、その後、径七・五cmの黒ポリポットに上げて本葉四〜五枚まで育てた後、仮植床《かしょくどこ》に移す。

仮植床づくり 仮植床は移植の一か月以上前に準備する。一㎡当たりバーク堆肥一kg＋乾燥鶏糞三〇〇gを施用し、ただちに耕耘しておく。移植の直前に再度耕耘し、幅約八〇cmの畝をつくる。七月中旬に条間約三〇cm、株間約一八cmの二条植えとし、遮光資材として300#寒冷紗の浮き掛けをする。過乾燥にならないように適宜、水やりしながら育てる。

定植 栽培畑（本圃）は植えつけの少なくとも一か月以上前に、一㎡当たり乾燥牛糞一・五kg＋苦土石灰一〇〇g、もしくはバーク堆肥一kg＋乾燥鶏糞三〇〇gを施用し、ただちに耕耘後、幅約二・五mの畝をつくり、雨を見て全面に黒マルチを行う。九月中旬に条間、株間ともに約五〇cmの四条に植えつける。

管理 パセリは本葉一〇枚以上に大きくなった株が、十分な低温に遭遇することにより花芽分化が起こる。低温に遭遇した時期の株が小さかったり、大きくなった株でも低温遭遇程度が不十分な場合は花芽分化しにくい品種がある。したがって、ハウス内での採種はおすすめできない。

複数の品種を同時に採種する場合は、アブラナ科のハクサイの項で記したように、品種間を三m程度あけ、採種株に300#の寒冷紗でつくった防虫網の袋をかける。薬剤散布は、防除基準に沿って生育

パセリの開花（写真・福田俊）

収穫期のパセリ（写真・福田俊）

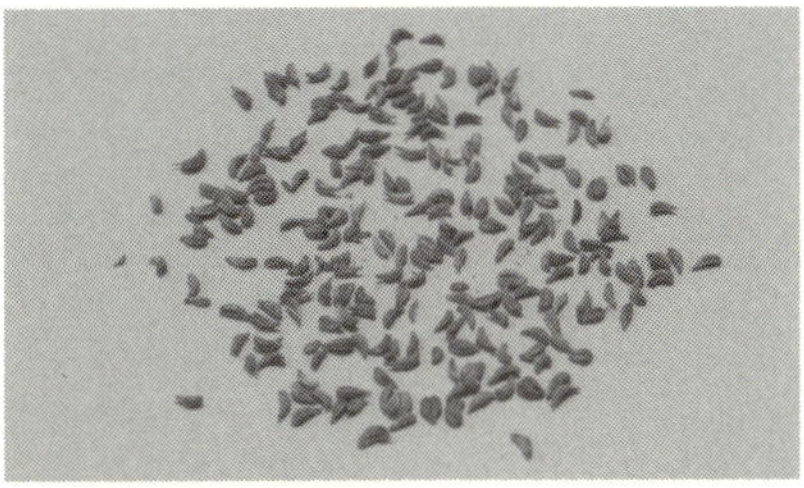
パセリの種子（鯉城）

初期から適切に行う。

交配　パセリは品種によって自家不和合性の程度に違いが見られる。広島県の在来種である「鯉城」では自家不和合性はまったく見られず、防虫網をかけた状態で何もしなくても大量の良質な種子が採れる。一方、「セルマ・パラ」というイタリアの品種は、複数の株に防虫網をかけた後で、開花中に数回防虫網をはずして、刷毛《はけ》などを用いて開花株をなでながら、株間《かん》で花粉の交換を行わないとほとんど種子ができない。

整枝　パセリは花の数が多く連続的に開花結実するため、よく充実した種子を採るためには、花数をある程度制限し、開花結実期間を短縮する必要がある。そのためには、まずとう立ち（抽薹《ちゅうだい》）してきた花茎《かけい》の先端部を地上五〇cmくらいの位置で摘心する。その後、各節から発生する側枝には傘花三つ程度を残し、その下部から発生する花はすべて除去する。

採種の手順と種子保存

開花後五〇日程度で傘花が黄褐色に着色するので、二～三回に分けて摘み採り、ボールなどに入れて乾燥させた後、手でもんで種子を取り出し、ふるいと風選により選別する。

選別した種子は再びボールなどに入れて乾かし、よく乾いた種子を紙袋に入れて冷蔵庫内で保存する。

ニンジン

〈種子で繁殖する野菜〉 セリ科

採種に適した系統・品種

インペレーター、金時、黒田、国分、砂村、チャンテネー、ナンテスほか、地域の在来種、育成種、外来種。

採種栽培のポイント

母本づくり　一㎡当たり乾燥牛糞一・五kg＋苦土石灰一〇〇g、もしくはバーク堆肥一・五kg＋乾燥鶏糞三〇〇gを種まきの一か月以上前に施用し、ただちに耕耘しておく。種まきの直前に再度耕耘し、幅約七〇cmの畝をつくる。

金時など長形種は七月中旬、五寸系などの短形種は八月中旬に種まきする。覆土《ふくど》の厚さはごく薄くし、十分に鎮圧する。

収穫したばかりのニンジン（埼玉県所沢市、写真・樫山信也）

乾燥季の種まきとなるため、出芽までは乾燥しすぎないように状況を見ながら夕方に水やりする。出芽後も乾燥が続くようなら適宜、水やりするが、その後まとまった降雨を見て地温が下がれば水やりを中止する。

継続的な除草と三回くらいの間引きを行って、最終株間を長形種で約二〇cm、短形種で約一五cmとする。

畑づくり　一方、採種畑は母本選抜後の植えつけ時期を一二月上旬とした場合、これより少なくとも一か月以上前に種まき畑とほぼ同じ肥料量を㎡当たりに施用し、ただちに耕耘後、幅約二・五mの畝をつくり、雨を見て全面に黒マルチを行う。

母本定植　地温が発根に支障のない一五℃以上ある時期に種まき畑からすべての株を抜き取り、母本選抜を行う。根部の形や色、細根の多少などから、その品種の特徴を持った株を二〇程度選び、条間、株間ともに約五〇cmの四条に植えつける。栽培地が乾燥していれば、植え穴に十分水やり後に植えつける。

ニンジンの開花（写真・福田俊）

長形種はやや斜めに植えつけ、寒害を防ぐために根部をできるだけ地上に出さないようにする。このとき、葉の先端部を三分の一程度切除する。

複数の品種を同時に採種する場合は、品種間を三m程度あける。

管理　春になりとう立ち（抽薹《ちゅうだい》）が始まると、すべての株に丈夫な支柱を立ててこれに誘引し、倒伏防止に努める。採種株への防虫網の袋かけの要領は、アブラナ科のハクサイの項を参考にしていただきたい。

ニンジンの開花は主茎の頂花《ちょうか》から始まって、下位節から発生した第一次分枝の頂花へと続き、以後上位に向かって第一次分枝の頂花、さらに高次分枝へと続く。

発芽力の高い良質な種子を採るためには、傘花数を制限する必要がある。そこで、採種用の株では主茎の頂花を早目に除去し、第一次分枝の頂花のみを残して、他の傘花はすべて摘除する。株を病害虫の被害から守るための薬剤散布は防除基準に沿って生育初期から適切に行う。

採種の手順と種子保存

開花後四五〜五〇日で傘花が狐色になったころが収穫期となるため、着色した傘花を摘み採る。

摘み採った傘花は、底の平らなボールなどに入れたり、ビニールシートの上に広げたりして数日間乾かす。花序についている熟した種子を手でほぐしながら、かき落とす。このとき、種子以外の組織はできるだけかき落とさないよう注意して作業を行う。かき落とした種子のなかですでに発根しているものを取り除いた後、両手でもんで種子の表面についている毛を取り除く。その後、風選を行って充実した種子のみを採種する。

採種した種子はボールなどに入れて数日間、陰干しする。よく乾燥した種子を紙袋に入れて冷蔵庫内で保存する。

ニンジンの母本選抜（金時）

ニンジンの開花（黒田五寸、写真・山根成人）

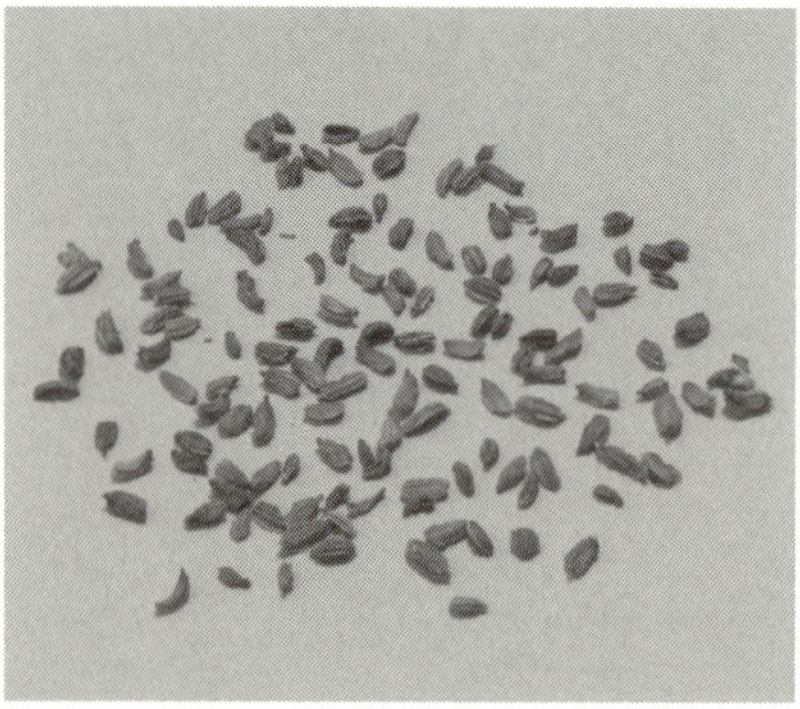
ニンジンの種子（ナンテスコアレス）

シュンギク

〈種子で繁殖する野菜〉キク科

採種に適した系統・品種

大葉、おたふく、株張中葉ほか、地域の在来種、育成種。

採種栽培のポイント

母本づくり　一㎡当たり乾燥牛糞一・五kg＋苦土石灰一〇〇g、もしくはバーク堆肥一・五kg＋乾燥鶏糞三〇〇gを種まきの少なくとも一か月以上前に施用し、ただちに耕耘しておく。種まき直前に再度耕耘し、幅約一mの畝をつくる。

種まき期は露地栽培で八月下旬〜九月上旬、ハウス栽培では九月中旬〜一〇月上旬となる。覆土はごく薄くし、藁《わら》などで覆って十分水やりする。出芽後は被覆物を取り除いた後、継続的な除草と二回程度の間引きを行って、株間一二㎝程度にする。

畑づくり　採種畑は雨よけハウス内につくる。ハウスのない場合はやじろべえなどの簡易な雨よけ施設内でもよいが、露地での採種は難しい。

採種用の母本選抜は出芽五〇〜六〇日後の出荷可能な状態に生育した株で行うので、採種畑は母本選抜の少なくとも一か月以上前に栽培畑（栽培圃）とほぼ同じ肥料量を一㎡当たりに施用し、ただちに耕耘しておく。植えつけ直前に再度耕耘した後、幅約一・五mの畝をつくる。簡単な雨よけ施設の場合は中心部に一条つくるのがよい。

母本定植および管理　地温が発根に支障のない一五℃以上ある時期に葉の形や色、つやなどで商品性の高い形質を持った株を五株程度選び、株間約五〇㎝の一条に植えつける。

とう立ち（抽薹《ちゅうだい》）が始まったら、それぞれの株が倒れないように支柱をし、300#の寒冷紗でつくった大型の防虫網の袋で採種株全体を覆い、外部からの訪花昆虫の侵入を防ぐ。薬剤散布は、防除基準に沿って生育初期から適切に行う。

シュンギクの結実。交配した花の花冠が大きくなっている

生育中のシュンギク（写真・福田俊）

シュンギクの開花、結実（写真・福田俊）

交配　シュンギクには自家不和合性の強い系統があり、これらは自分の花粉では受精能力がない。したがって、これらの株から種子を採るためには、他の株の花粉を交配する必要がある。

　開花期間中に、防虫網の袋の中にハナアブなどの昆虫を放翅《ほうし》して交配させるのがもっとも効率的だが、規模の小さい場合には人工交配を行うのがよい。

　シュンギクの開花は、主茎から始まり、以下、最下位節の一次分枝から次第に高節位、高次分枝へと進む。一つの花では、最初にいちばん外側の舌状花（キクの花のいわゆる花びらの一枚一枚のこと）が開き、以下筒状花が外側から内側に向かって開花する。また、株によるばらつきもあることから、採種用の数株を一つの集団とした場合の開花期間は一か月以上となる。しかし、すべての花が結実するわけではなく、早く咲いた花がうまく結実すればその後に咲く花は結実しなくてよい。

　花粉は高温や多湿に弱い。したがって、交配は、高温や多湿の危険の少ない早い時期に咲いた花で行うのがよい。主茎や下位節から発生した第一次分枝の

種子の脱粒作業（写真・福田俊）

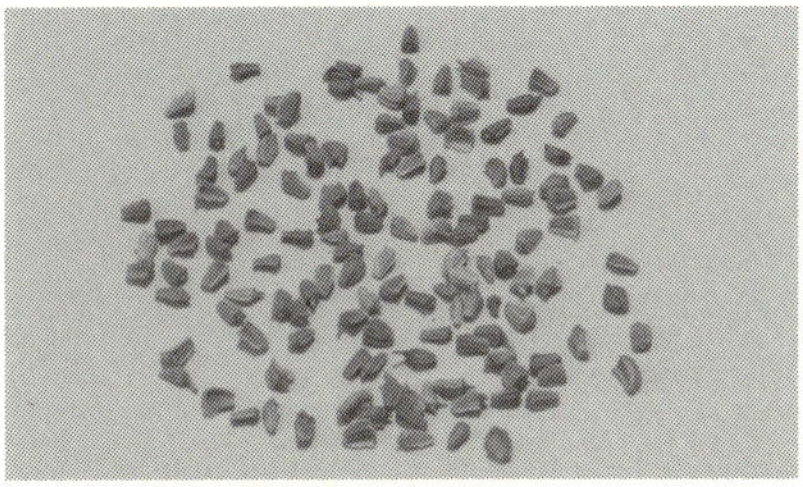
シュンギクの種子（福島Ｓ系）

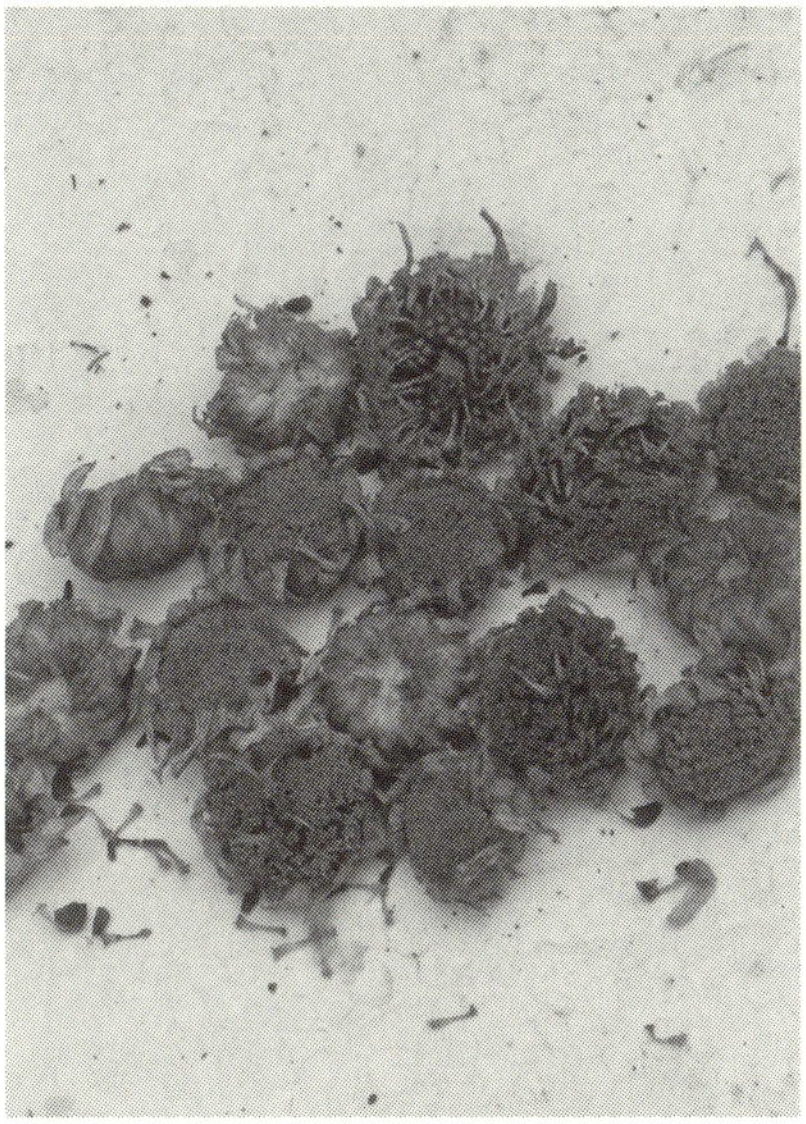
結実、乾燥した花（写真・福田俊）

花が花序の八割程度咲いたときに最初の交配を行う。

方法は受粉用の花に溜まっている花粉屑を口で吹き飛ばし、別の株の当日開花した花の花粉を筆などですくい取ってまんべんなくつける。

交配の時間は晴天日の午前一〇時ころが最適である。曇天時でも施設内が乾燥していれば健全な花粉が出るため、交配に支障はないが、雨天時は施設内が多湿となり、花粉の寿命が短くなるため、交配には適さない。交配は四～五日間隔で四回程度行う。

受精すれば、花弁《かべん》（花びら）は枯れるが子房《しぼう》が肥大を始め、花序は半円形に盛り上がる。

採種の手順と種子保存

交配の約二か月後、花の付け根の部分が枯れて色が抜けてきたら収穫期である。花冠のみを摘み採り、ボールなどに入れてよく乾かした後に砕いてふるいにかけ、夾雑物をとり除いた後に風選する。風選した種子はボールなどに入れて陰干しをする。よく乾燥した種子を紙袋に入れて冷蔵庫内で保存する。

なお風選した種子の発芽率は四〇～五〇％である。

レタス

〈種子で繁殖する野菜〉キク科

採種に適した系統・品種

グレートレーク、ペンレーク、バンガード、シスコ、かきちしゃ、レッドファイヤー、チマサンチュ、ウエヤーヘッドほか、地域の在来種、育成種、外来種。

採種栽培のポイント

畑づくり　一㎡当たり乾燥牛糞一・五kg＋苦土石灰一〇〇g、もしくはバーク堆肥一kg＋乾燥鶏糞三〇〇gを種まきの一か月以上前に施用し、ただちに耕耘後、幅約二・五mの畝をつくり、雨を見て全面に黒マルチを行う。

播種　種まきは、秋まきの場合は一〇月中～下旬、春まきの場合は二月下旬～三月上旬に、条間、株間ともに約五〇cmの四条、株数は一六～二〇株とし、株当たり数粒の直まきとする。

管理　出芽後は二回程度間引いて一か所一株にする。とう立ち（抽薹《ちゅうだい》）は日が長くなる五月下旬～六月上旬から始まる。

とう立ちが始まったら、中心部の採種用の数株に株が倒れないように丈夫な支柱を行い、開花前に300#の寒冷紗でつくった大型の防虫網の袋をかける。レタスはほとんど自家受精するため、交雑のおそれは少ないが、訪花昆虫は観察される。薬剤散布は、防除基準に沿って生育初期から適切に行う。

収穫期のサニーレタス（写真・樫山信也）

レタスの結実（綿毛を出している）

肥大を始め、半円球に盛り上がる（撮影・福田俊）

レタスの開花（写真・福田俊）

採種の手順と種子保存

花が綿毛状態にまで生育したら、その花のみをハサミで摘み採り、ボールなどに入れて乾かす。

摘み採りは一株で数回行う。摘み採った花はよく乾燥させた後、手でつぶして種子を取り出し、一㎜目程度のふるいでふるった後、風選して充実した種子だけを採る。採種した種子はボールなどに入れて陰干しをする。よく乾燥した種子を紙袋に入れて冷蔵庫内で保存する。

生育したレタス（写真・福田俊）

レタスの種子（アメリカ）

ゴボウ　〈種子で繁殖する野菜〉　キク科

採種に適した系統・品種

山田早生、渡辺早生、コバルト晩生、柳川理想、大浦ほか、地域の在来種、育成種。

採種栽培のポイント

母本づくり　母本選抜畑への種まきは一般に秋に行うため、栽培地（圃場）の準備は夏ごろから行う必要がある。

種まき期は一〇月上中旬を目安とする。

一㎡当たり乾燥牛糞二kg＋苦土石灰一〇〇g、もしくはバーク堆肥一・五kg＋乾燥鶏糞三〇〇gを施用後ただちに深く耕耘しておく。種まき直前に再度耕耘し、幅約一mの畝をつくる。

種まき後、覆土の厚さはごく薄くし、上からよく鎮圧する。出芽後は一回間引いて株間を七㎝程度とする。冬期間地上部は枯れるが、春先には再び出葉してくる。春先にとう立ち（抽薹《ちゅうだい》）する株が発生するが、この株はただちに抜き取る。

とう立ちしたゴボウの茎葉（写真・樫山信也）

株の生育がそろったところで再度間引いて最終株間を約一五㎝とし、アブラムシを中心とした病害虫防除に留意して育てる。

畑づくり　採種畑の準備は七月下旬ころに行う。

一㎡当たり乾燥牛糞二・五kg＋苦土石灰一五〇g、もしくはバーク堆肥二kg＋乾燥鶏糞三〇〇gを施用し、ただちに耕耘後、幅約二・五mの畝をつくり、雨を見て全面に黒マルチを行う。

母本定植　母本選抜は九月上旬に行い根の形の優れた株を五株程度選び、株間〇・八～一・〇mの一条植えとする。ゴボウの根は長いため、根長を二五cm程度に切断し、やや斜めに植えつける。

　このとき、地上部の半分程度を切除する。

管理　積雪が少なく寒さの厳しい地帯では、株元に藁束《わらたば》などを並べて株の防寒に努める。

　ゴボウの花粉は粘性が強く、またほとんど自家受精するため、採種畑から約一〇m以内に異品種の採種畑やとう立ちした株がなければ、網かけの必要はない。

　もし複数の品種を同時に採種する場合は品種間を三m程度あけ、各株に300#の寒冷紗でつくった網袋をかける。春先にとう立ちが始まったら株ごとに丈夫な支柱を立て、風雨による倒伏防止対策を行う。株を病害虫の被害から守るための薬剤散布は、防除基準に沿って生育初期から適切に行う。

　また、とう立ちの長さが一・二m程度になった時

収穫したばかりのゴボウ（写真・熊谷正）

ゴボウの種子入りの総苞（大浦）を乾燥

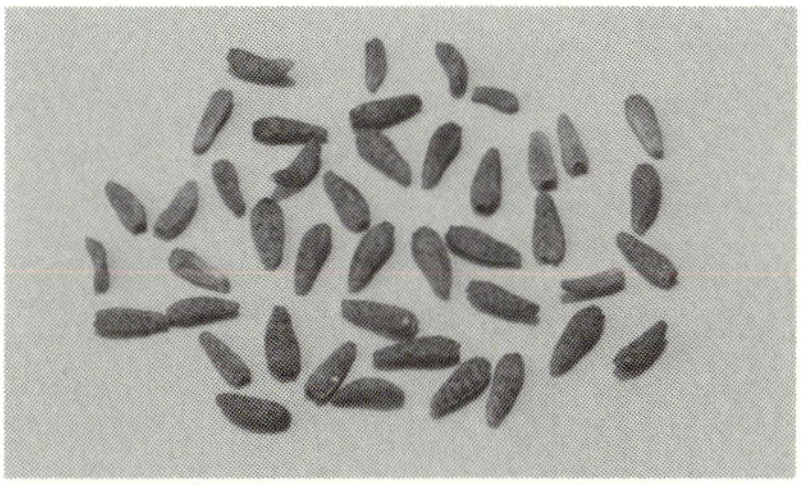

ゴボウの種子（葉ゴボウ＝亀山南在来）

〔ゴボウの種子を取り出す〕

棒でたたいて総苞をつぶし、種子を取り出す

に摘心し、丈夫な側枝を多数発生させる。

採種の手順と種子保存

花が綿毛状になり総苞《そうほう》が種子で膨れてきたら収穫期である。収穫期になった花をハサミなどで摘み採るが、総苞には多くの棘《とげ》があるため、摘み採り時に刺されないように注意する。なお、総苞とは花や花《か》序《じょ》（花をつけた茎または枝）の基部につく葉（苞）の一種で、花序全体の基部を包むもの。

摘み採った花はボールなどに入れて室内で陰干しをする。総苞を棒やビール瓶などでたたいてつぶし、種子を取り出す。その後、総苞の残渣《ざんさ》などを取り除いて風選を繰り返し、完熟種子のみを選別する。

選別した種子はボールなどに入れて数日間、陰干しする。よく乾燥した種子を紙袋に入れて冷蔵庫内で保存する。

ホウレンソウ

〈種子で繁殖する野菜〉アカザ科

採種に適した系統・品種

禹城、治郎丸、新日本、ミンスター、若草、ビロフレーほか、地域の在来種、育成種、外来種。

採種栽培のポイント

畑づくり　一㎡当たり乾燥牛糞一・五kg＋苦土石灰一〇〇g、もしくはバーク堆肥一・五kg＋乾燥鶏糞三〇〇gを種まきの一か月以上前に施用し、ただちに耕耘後、幅約二・五mの畝をつくり、雨を見て全面に黒マルチを行う。

条間と株間をそれぞれ約五〇cm、採種株数（雄株を含む）を二〇株程度とする。

播種　種まき期は九月中がよい。一か所数粒まき、出芽後二回程度間引いて一株にする。

生育中のホウレンソウ（写真・福田俊）

ホウレンソウの種子（川内）

品種によっては冬季にアントシアンの発生が見られるが、気にすることはない。

管理　品種による早晩はあるが、四月に入るととう立ち（抽薹《ちゅうだい》）が始まる。まず雄株がとう立ち開花し、花粉の飛散が始まり、続いて雌株が開花する。株を病害虫の被害から守るための薬剤散布は、生育初期から防除基準に沿って適切に行う。

ホウレンソウの花粉はさらさらしていて粘り気がないため、風によって遠くにまで飛ばされる風媒花《ふうばいか》である。

したがって、採種株への近隣からの異品種花粉の飛び込みを防ぐために、同一畑での複数品種の採種を避けるとともに、採種株周辺に障壁を設ける必要がある。障壁作物としてはライムギやエンバクなどの麦類がもっとも適するが、家庭菜園などでは蔓性のエンドウや大型のソラマメなどでもよい。

雄株の寿命は短く、開花が始まって一〇日程度で枯凋《こちょう》（枯れしぼむ）するので枯凋した株は早めに抜き取る。雌株は完全に受精するとはかぎらないが、受精した雌花はぐんぐん肥大し、株も大きくなる。

ホウレンソウの雌雄株の開花状況（雄株の開花が早い）

採種の手順と種子保存

受精後四〇〜五〇日で蒴《さく》が黄化し、収穫期に達する。

黄化した株は株元から切り取り、軒下に吊すかビニールハウス内で乾かしてから脱粒する。ホウレンソウは数個の種子が固まって種子塊を形成しているので、調製時には、この種子塊をていねいにほぐして一粒ずつに分割する。

ホウレンソウの品種で日本種といわれるもののなかには、針種といわれる尖った種子を持つものがある。この針種は調製時に手を傷つける危険性が高いため、調製作業にはとくに気をつけなければならない。調製した種子はボールなどに入れて数日間、陰干しをする。よく乾燥した種子を紙袋に入れて冷蔵庫内で保存する。

〈種子で繁殖する野菜〉アカザ科
フダンソウ（ビート）

採種に適した系統・品種

うまい菜、唐ちしゃ、平茎雪白、スイスチヤード、火焔菜、デトロイトダークレッドほか、在来種、外来種。

採種栽培のポイント

フダンソウもビートも同じ作物である。前者は葉を利用し、後者は根を利用する。したがって、採種法は同じである。

畑づくり　一㎡当たり乾燥牛糞二kg＋苦土石灰一〇〇g、もしくはバーク堆肥一・五kg＋乾燥鶏糞三〇〇gを種まきの一か月以上前に施用し、ただちに耕耘後、幅約二mの畝をつくり、雨を見て全面に黒マルチを行う。

播種　条間と株間をそれぞれ約六〇㎝、採種株数を三株程度とし、その周辺に障壁として数株を配置する。九月中旬に一か所に四～五粒まき、出芽後二回程度間引いて一株とする。

管理　五月に入るととう立ち（抽薹《ちゅうだい》）が始まる。とう立ち株の大きさは二m以上と大きくなり、側枝も五〇㎝以上に伸びて倒れやすくなるため、各株に丈夫な支柱を立ててそれに誘引し、風雨による倒伏を防ぐ。

風媒花だが自家受精するため、交雑率は低いといわれる。しかし、近くに異品種があれば採種株への花粉の飛び込みも懸念されるため、同一畑での複数品種の採種は避ける。薬剤散布は、生育初期から防除基準に沿って適切に行う。

採種の手順と種子保存

開花後二か月程度で莢が褐変してくる。七割程度の莢が褐変した状態で株元から刈り取り、軒下かビニールハウス内で乾かしてから調製する。調製した種子はボールなどに入れて乾かす。よく乾燥した種子を紙袋に入れて冷蔵庫内に保存する。

ネギ
〈種子で繁殖する野菜〉ユリ科

採種に適した系統・品種

九条、岩槻、下仁田、千住、南部、加賀ほか、地域の在来種、育成種。

採種栽培のポイント

播種　播種床（種まき用の床）づくりは九月上旬ころから行う。一㎡当たり乾燥牛糞一kg＋苦土石灰一〇〇g、もしくはバーク堆肥一kg＋乾燥鶏糞一五〇gを施用し、ただちに耕耘後、幅約一m、高さ約五〇cmの畝をつくる。

寒い時期からの種まきとなるので、地温の高い時期に有機質肥料を土に混ぜて、種まきまでに肥料を土によくなじませておくことが大切である。

種まきは早いもので一〇月中旬、一般には一一月末から開始する。方法は散まき（散播《さんぱ》）もしくは条間一五cmのまき溝に条《すじ》まき（条播《じょうは》）する。寒い時期に種まきする場合は保温のため不織布のべた掛けを行う。太い一本ネギほど生育期間が長くかかるため早くまく。分蘖《ぶんげつ》（根に近い茎の節から枝分かれすること）する葉ネギタイプでは四月以降にまいてもよい。

生育中のネギ（岩津ネギ）

仮植　仮植床は三月中旬以降につくる。一㎡当たり乾燥牛糞二kg＋苦土石灰一〇〇g、もしくはバーク堆肥二kg＋乾燥鶏糞三〇〇gを施用し、ただちに耕耘後、幅約一・五mの畝をつくる。施肥作畝後一か月以上を経過して四月中旬以降に株間約二〇㎝、一か所二本、二条に仮植えする。

畑づくり　栽培畑（本圃）に施す肥料の量は仮植床の場合と同じでよい。

定植　栽培畑は八月中旬までに幅約一・三ｍの畝をつくる。九月中旬に畝の中央部に深く溝を掘り、約五〇㎝の株間で一か所二本植えつける。

このとき母本選抜を行う。母本選抜は慎重に行い、優れた形質を持った株を選ぶことが大切である。

管理　活着を見て二回程度土寄せし、株を固定する。三月下旬ころからとう立ち（抽薹《ちゅうだい》）が始まりネギ坊主が出てくるので、300#の寒冷紗でつくった網袋をかける。袋の長さは採種株の数によって決まるが、普通は三～四株分の長さ（一・五～二ｍ）くらいでよい。薬剤散布は、防除基準に沿って生育初期から適切に行う。

交配　四月中旬からネギ坊主の袋が破れ、開花が始まる。開花は頂部から始まり下部に向かって進む。

自然界では昆虫などの媒介により結実が促進されるが、網袋の中には虫が入らないため、虫媒はでき

生育中のネギ（弘法ネギ）

ネギの花茎（写真・福田俊）

ネギの結実。結実はなかなかそろわない

ネギの採種（岩津ネギ、写真・山根成人）

ネギの種子（下仁田）

ない。また、ネギ類の花粉はきわめて粘性が強く、風による周辺株からの花粉の移動も期待できない。そこで、小規模で効率よく採種するには、人工交配が有効である。

　一個のネギ坊主の開花が終了するのに二〇日程度を要するので、この間の晴天日に網袋をはずして、やわらかい刷毛《はけ》などでネギ坊主を数回なでながら交配する。異なる株の間で花粉の交換をすることも大切である。この作業の終了後は再び網袋をかけて外からの虫の侵入を防ぐ。この作業を開花期間中に二～三回行えば結実量は多くなる。

　ネギ類は開花期間が長いため花粉が降雨の影響を受けて死滅しやすい。また、花梗《かこう》が細く密集しているため、多湿条件下で病害の多発が懸念される。そのため、雨よけ施設内での採種はとくに有効であり、可能ならばそのような施設の設置が望ましい。

採種の手順と種子保存

　開花後四〇日くらいで結実する。ネギ坊主の頂花の花被《かひ》が割れて中の黒い種子が見えだしたら、一〇cm程度の花茎《かけい》をつけて刈り取り、約一週間、ビニールシートの上に広げたり、ボールの中に入れたりして乾かす。花被を手でもみ、種子を取り出す。

　花被や花梗などの夾雑物や不良種子をピンセットで除去し、風選もしくは水選して調製し、よく乾かす。水選は必ず晴天日の午前中に行うようにする。種子はボールなどに入れて陰干しをして乾かす。

　よく乾燥した種子を紙袋に入れて冷蔵庫内で保存する。

〔ネギの種採りのポイント〕

① 花茎を切り取る

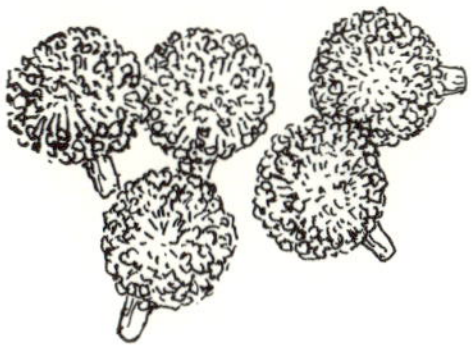

② シート上などで乾燥

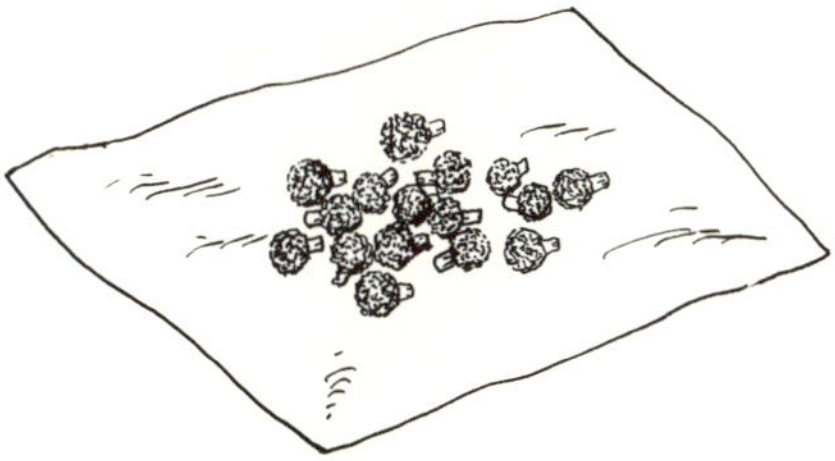

③ 種子を取り出す

④ 風選（もしくは水選）

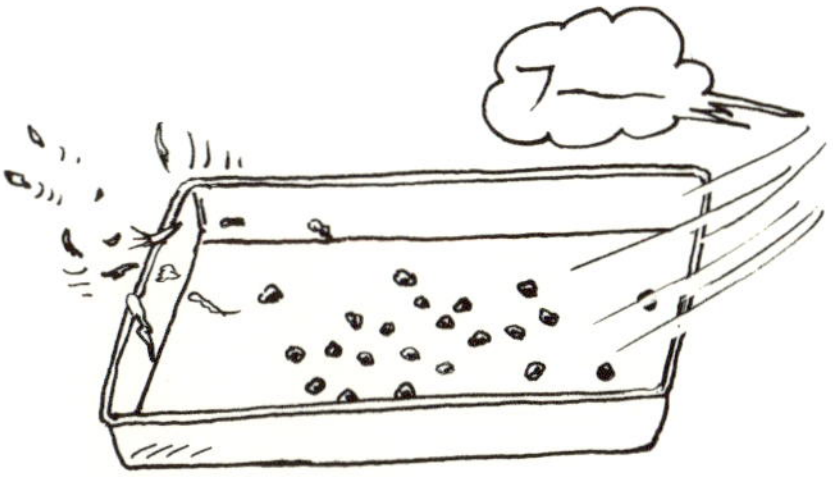

⑤ 夾雑物や不良種子を除去する

⑥ 陰干しをする

⑦ 紙袋などに入れる

⑧ 冷蔵庫で保存する

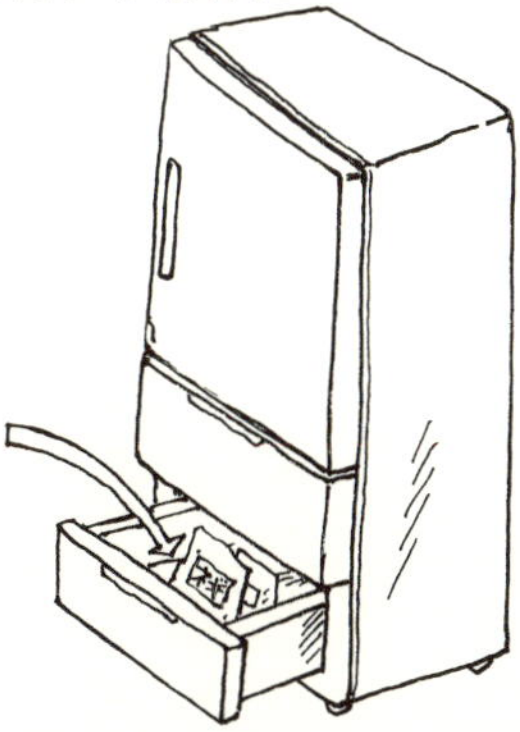

タマネギ

〈種子で繁殖する野菜〉ユリ科

採種に適した系統・品種

今井早生、泉州黄、山口甲高、貝塚、錦毬。

採種栽培のポイント

タマネギそのものを植えつける母球採種法と種子から直接採種する不結球《ふけっきゅう》採種法があるが、ここでは母球採種法について記する。

畑づくり　九月上旬に畑づくりを行う。一㎡当たり乾燥牛糞二kg＋苦土石灰一〇〇g、もしくはバーク堆肥二kg＋乾燥鶏糞三〇〇gを施用し、ただちに耕耘後、幅約一mの畝をつくる。

定植　一〇月中旬に株間約五〇㎝で球が半分くらい出る程度に浅く植えつける。

管理　萌芽《ほうが》（栄養体の芽が出ること）そろいになったら株元が隠れる程度に土寄せする。萌芽後の若芽は栄養豊富でアブラムシの被害を受けやすいため、注意が必要である。

その後、一株は七～八個に分球し、四月中旬ごろからとう立ち（抽薹《ちゅうだい》）が始まり花茎が伸長してくる。花茎の長さは一m以上になり倒れやすいため、各株ごとに四本程度の支柱を立ててこれに誘引し、倒伏防止に努める。

この作業が終わると300＃の寒冷紗でつくった網袋をかける。袋の長さは採種株の数によって決ま

収穫したタマネギ（兵庫県淡路島、写真・丹野清志）

〔タマネギの種子を取り出す〕
花被を手でもみ、種子を落としていく

るが、普通は三〜四株（一・五〜二m）分の長さくらいでよい。

五月中旬になるとネギ坊主の袋が破れ、開花が始まる。タマネギのネギ坊主はネギのネギ坊主に比べて大きく、開花期間もやや長い。薬剤散布は、防除基準に沿って生育初期から適切に行う。

交配　人工交配の方法はネギに準じて行い、その後四五日くらいで収穫となる。雨よけ施設利用の効果はネギの場合より高い。これは収穫期がネギより遅く梅雨季を経過することによる。

採種の手順と種子保存

ネギ坊主の頂花の花被が割れて黒い種子が見えだしたら花茎を三〇cm程度つけて刈り取り、数本ずつ束ねて軒下やビニールハウス内で一〇日程度乾かした後、花被を手でもんで種子を取り出す。

風選、もしくは水選をして調製し、夾雑物や不良種子をピンセットで除去する。種子はボールなどに入れて陰干しをして乾かす。よく乾燥した種子を紙袋に入れて冷蔵庫内で保存する。

〈種子で繁殖する野菜〉ユリ科

ニラ

採種に適した系統・品種

グリーンベルト、たいりょうほか、地域の在来種、育成種。

採種栽培のポイント

育苗　種まき期は四月中旬に行う春まきと九月上旬に行う秋まきがある。

種まきの一か月以上前に一㎡当たり乾燥牛糞一・五kg＋苦土石灰一五〇g、もしくはバーク堆肥一・五kg＋乾燥鶏糞二五〇gを施用し、ただちに耕耘する。種まきの直前に再度耕耘して幅約一m、高さ約四〇cmの畝をつくり、条間約一〇cmに条《すじ》まき（条播《じょうは》）し、軽く土をかける。

種まき後、藁もしくは刈った草などで表面を薄く覆い、十分に水やりする。約一週間で出芽してくるので、ただちに被覆物を取り除き、適宜、除草しながら二回程度間引いて分蘖数《ぶんげつ》（根に近い茎の節から枝分かれした枝の数）二～三本の苗（最終株間五cm程度）にまで育てる。

畑づくりおよび定植　採種畑への植えつけ期は春まきで九月上旬、秋まきで四月中旬を目安とする。植えつけの一か月以上前に種まき床（播種床）とほぼ同じ肥料量を一㎡当たりに施用し、ただちに耕耘する。異品種を同時期に採種する場合は品種間を三m程度あける。植えつけ直前に再度耕耘して幅約七五cmの畝を三本並べてつくる。畝の長さは二・五～三・〇mとし、約二〇cm間隔に植え穴を掘り、十分に水やり後、定植する。定植時に根を五cm程度に切りそろえ、植えつける。

管理　ニラは高温で花芽分化するため、八月に入ると蕾《つぼみ》をつけ（着蕾《ちゃくらい》）、開花が始まる。蕾をつけるのが見られたら、中央の畝の両端をそれぞれ三〇cm程度あけて内側に支柱を立て、３００#の寒冷紗でつくった大型の網袋をかける。つまり、網袋をかけた株の外側をぐるりと同一品種が取り囲むような状況をつくり、採種は網袋をかけた株からのみ行う。

春まきの場合、一年目は株を養成し、採種は二年目から行う。同一株を数年続けて採種する場合は、毎年二月ころに枯れた地上部に火をつけて燃やしたのち、畝の肩部分を削って落とし、乾燥鶏糞を一㎡当たり二五〇g追肥として施用し、再び土をかける。

ニラは分蘖しながら株が大きくなるため、二〜三年栽培した株（採種株も含む）のなかから生育のよい株を選び、その株を分けて次の年の春に植えつけて、秋に採種するようにすれば、毎年新しい株からの採種が可能である。しかし、株がウイルス病に侵されて生育が悪くなった場合には新しく種子から栽培をし直すことが必要である。

薬剤散布は、防除基準に沿って適切に行う。

ニラの結実（写真・福田俊）

種子を脱粒（写真・福田俊）

採種の手順と種子保存

開花期間中に二〜三回網袋をはずして刷毛などで花の表面をなでてやるとよく結実する。開花後二か月程度で成熟する。成熟すると花被が割れて黒い種子が見えるようになるため、こうなったら花茎を二〜三㎝つけて刈り取り、ボールなどに入れて乾かす。

よく乾いたら花被の部分を手でもんで種子を取り出し、扇風機などで風選もしくは水選する。水選は晴天日の午前中に行い、新聞紙の上に並べて時々かきまぜながらその日のうちに表面についた水分を取り除く。その後ボールなどに入れて数日間陰干しし、組織の残渣《ざんさ》（残りかす）、割れたものや発根したものなどの不良種子を取り除いたのち、紙袋に入れて冷蔵庫内で保存する。

アスパラガス

〈種子で繁殖する野菜〉ユリ科

採種に適した系統・品種

メリーワシントン、セトグリーン、ポールトム、海峡ほか、地域の育成種、外来種。

採種栽培のポイント

育苗　地温が発芽に適した一五℃以上になったら、育苗を始める。ビニールハウス内に設置した温床など、加温施設を用いたハウス育苗の場合は一月下旬ころからの種まきが可能であるが、露地育苗の場合は四月下旬以降の種まきとなる。

底に数個の排水孔をあけた深さ約七cmの発泡スチロールの箱に、購入した無肥料の床土を入れ、条間約五cmに条まきする。種まき直後にしっかり水やりし、以後は出芽まで水やりしない。種まき後二〇日程度で出芽そろいとなる。

草丈が五cmくらいになったら径七・五cmの黒のポリポットに上げ、魚粉や油粕を混ぜた有機質肥料を一つまみ程度施す。

さらに草丈《たけ》が二〇cm程度になったら径一五cmのポリポットに植え替え、同様の肥料を施して草丈が四〇cm程度になるまで育苗する。

畑づくり　栽培畑（本圃）の準備は定植予定の一か月以上前に行う。

一㎡当たり乾燥牛糞二〇kg＋苦土石灰二〇〇g、

収穫間近のアスパラガス（山形県羽黒町、写真・丹野清志）

もしくはバーク堆肥五kg＋乾燥鶏糞一kgを深く掘った溝に入れて土を戻し、幅二m、高さ六〇cm程度の高畝をつくり、雨を見て中央部を四〇cm程度あけて両側に黒ポリでマルチを行う。このマルチは二年目以降は除去する。

定植　植えつけ期はハウス育苗の場合が六～七月、露地育苗の場合が九月となる。

株間は約八〇cmと青果栽培の場合よりやや広くする。植えつけ株数は一〇株程度とし、そのなかで生育のよい雄株と雌株をそれぞれ二～三株選んで採種株とする。

アスパラガスの雄花

管理　植えつけた年はそのまま栽培を行い、採種はしない。

翌年発生した若茎は株当たり五～六本と数の制限をしながら株養成に心がけ、株ごとに丈夫な支柱を三本程度交差させて立て、これに誘引して倒伏防止に努める。

草丈が一・五mを超えて生育し、蕾《つぼみ》がつく（着蕾《ちゃくらい》）のが見られたら株ごとに300#の寒冷紗でつくった網袋をかける。このとき、茎の先端を切除し伸長を抑える。

交配　雌株の開花が始まったら交配を始める。すでに雄株の開花は数日前から始まっているので、交配用の雄花はたくさん咲いている。

晴天日の午前中に、まず雄株の網袋をはずして、当日開花した花粉の多い花を採取する。できるだけ複数の株から採取するのがよい。次に雌株の網袋をはずして当日開花した雌花に交配する。

一つの雌花に複数の雄花を交配する。雄花の花弁を取り除いて交配すると作業が楽である。数日前に開花したと思われる雌花はこの時に除去する。交配した雌花にはマジックなどで印をつけておく。交配は結実状況を見ながら二～三回行えば十分である。

　アスパラガスの株は数年にわたって生育させることが可能なため、よい株が確認されればその株から何回も優れた種子を採ることができる。したがって、交配種子の充実と株の負担軽減を考えて種子をつけすぎないように心がけることが大切である。

　九月に入ると果皮《かひ》の着色が始まる。果皮が濃い朱色となり中の種子が黒変してきたら、収穫期である。

アスパラガスの結果

アスパラガスの種子（ヒロシマグリーンS）

採種の手順と種子保存ほか

　果実から種子を傷つけないように気をつけて取り出し、水洗した後ボール等に入れてよく乾かす。よく乾燥した種子を紙袋に入れて冷蔵庫内で保存する。


株の管理　アスパラガスは多年性植物で、上手に管理すれば一〇年近く株を維持することができる。

　そのためには、生育の途中で病害虫の被害をできるだけ少なくする管理が必要である。

　生育の途中で茎枯病、斑点病、軟腐病などの被害を受けた茎はすみやかに株元から抜き取り、蔓延《まんえん》を防ぐ。株を病害虫の被害から守るための薬剤散布は、防除基準に沿って生育初期から適切に行う。

　冬季には、枯れた地上部を抜き取り、施肥と病原菌の飛散防止を兼ねて、乾燥牛糞を一㎡当たり五kg程度、畝全体にマルチ状に敷く。

　この作業の前に畝の表面に落ちている葉を灯油バーナーなどで焼却すれば、なお有効である。なお、この葉は植物の葉柄《ようへい》部分が扁平化して葉身のような外形と機能を持つもので、仮葉《かよう》ともいう。

シソ　〈種子で繁殖する野菜〉シソ科

採種に適した系統・品種

赤ジソ、青ジソほか、地域の在来種、育成種。

採種栽培のポイント

育苗　種まき用の床（播種床）は一㎡当たり乾燥牛糞一kg＋苦土石灰一〇〇gを播種の一か月以上前に施用し、ただちに耕耘しておく。

四月上旬に再度耕耘して幅約七〇cm、高さ約二五cmの畝をつくり、全面に散播《さんぱ》後表面を平鍬《くわ》の底でたたく程度で、覆土はしない。四月中旬ころから出芽が始まるので過密部分を間引いて六cm程度の間隔にする。

畑づくり　栽培畑（本圃）は定植の一か月以上前に一㎡当たり乾燥牛糞二kg＋苦土石灰一〇〇g、もしくはバーク堆肥一・五kg＋乾燥鶏糞三〇〇gを施用し、ただちに耕耘後幅約一・五mの畝をつくり、雨を見て全面に黒マルチを行う。

赤ジソの栽培（兵庫県姫路市）

複数の品種を同時に採種する場合は品種間を三m程度あける。

管理　六月上旬に条間、株間ともに約五〇cmの三条に植えつける。開花の始まる前、八月中旬に中央の一条に300#の寒冷紗でつくった大型の網袋をかぶせる。シソは自家受精作物であるため、交雑の割合は少ないが、オープンで採種した場合は虫媒に

シソ畑（写真・樫山信也）

青ジソの穂

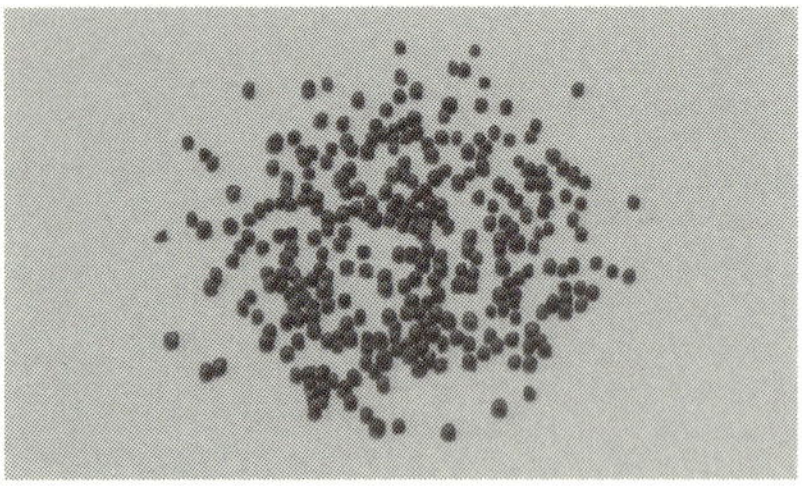
シソの種子（赤ジソ＝中泉系）

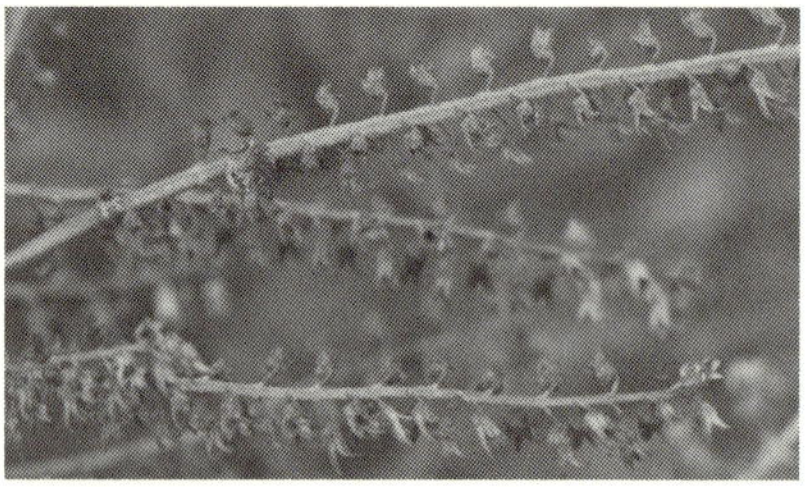
赤ジソの穂

よる交雑が懸念されるため、網かけを行うのが安全である。

なお、採種は三株程度で十分である。この際、周辺部の株は交雑を防ぐバリアとなる。

シソは八月に虫害があるので防除基準に沿って早めに薬剤散布を行う。

採種の手順と種子保存

花穂《かすい》（穂のようになった花序）の三分の二程度が黄化し、花序下部瘦果《そうか》の頂部裂開が始まったら、株を基部から刈り取り、ビニールハウス内もしくは軒下の雨のかからない場所に、ブルーシートなどを敷いて広げ、その上で乾燥させ調整する。

乾いた茎を重ねて足で踏んだり、棒などで軽くたたいたりすると、種子は下に落ちる。これらを集めてふるいにかけて夾雑物を除去し、扇風機などで風選する。最後に変色したものや割れたもの、発根したものなどをピンセットで取り除き、ボールなどに入れて一週間程度、陰干しする。よく乾燥した種子を紙袋に入れて冷蔵庫内で保存する。

エゴマ

〈種子で繁殖する野菜〉シソ科

採種に適した系統・品種

黒種、白種など地域の在来種。

採種栽培のポイント

育苗　エゴマはシソ科の作物でシソに近い生態的特性を持っているが、形態的にはシソより大型で草丈が高くなる。したがって、種まき期はシソより遅らせる。

種まき用の床（播種床）は一㎡当たり乾燥牛糞一kg＋苦土石灰一〇〇gを種まきの一か月以上前に施用し、ただちに耕耘しておく。五月上旬に再度耕耘して幅約七〇cm、高さ約二五cmの畝をつくり、床全面に散播し軽く覆土して上に鳥よけの網をかける。一週間程度で出芽するので、網をはずして過密部分を間引き、六cm程度の間隔にする。

エゴマ畑（福島県船引町）

畑づくり　栽培畑（本圃）は植えつけの一か月以上前に一㎡当たり乾燥牛糞二kg＋苦土石灰一〇〇g、もしくはバーク堆肥二kg＋乾燥鶏糞三〇〇gを施用し、ただちに耕耘後、幅約二mの畝をつくり、雨を見て全面に黒マルチを行う。複数の品種を同時に採種する場合は品種間を三m程度あける。

定植および管理　六月上旬に条間約七〇cm、株間約五〇cmの三条に植えつける。草丈が大きくなり倒伏の危険性があるため、各株には丈夫な支柱をする。エゴマもシソと同様に自家受精する作物であるが、

エゴマの種子（黒種）

エゴマの葉

エゴマの種子（白種）

白い小花を開く穂

オープンで採種した場合は虫媒による交雑が懸念されるため、開花直前に中央の一条に３００＃の寒冷紗でつくった大型の網袋をかけ、その株からのみ採種する。採種は三株程度で十分である。周辺部の株は交雑を防ぐバリアとなる。エゴマは登録農薬がないので害虫の発生を見たら早めに手でつぶす。

採種の手順と種子保存

花穂の三分の二程度が黄化し、花序下部痩果の頂部裂開が始まったら、株を基部から刈り取り、ビニールハウス内もしくは軒下の雨のかからない場所に、ブルーシートなどを敷いて広げ、その上で乾燥させ調製する。

乾いた茎を重ねて足で踏んだり、棒などで軽くたたいたりすると、種子は下に落ちる。これを集めてふるいにかけて夾雑物を取り除き、扇風機などで風選する。最後に変色したものや割れたもの、発根したものなどをピンセットで取り除き、ボールなどに入れて一週間程度、陰干しする。よく乾燥した種子を紙袋に入れて冷蔵庫内で保存する。

ゴマ
〈種子で繁殖する野菜〉ゴマ科

採種に適した系統・品種

黒ゴマ、白ゴマ、金ゴマ、茶ゴマほか、地域の在来種、育成種。

採種栽培のポイント

畑づくり　ゴマは生育期間が短く、盛夏期の栽培となるため、直まき（直播《ちょくはん》）栽培とする。種まきの一か月以上前に一㎡当たり乾燥牛糞一・五kg＋苦土石灰一〇〇g、もしくはバーク堆肥一kg＋乾燥鶏糞二五〇gを施用し、ただちに耕耘しておく。

六月中旬に再度耕耘して幅約七〇cmで三条の畝をつくる。畝の長さは四m程度あれば十分である。

複数の品種を同時に採種する場合は、品種間を三m程度あける。

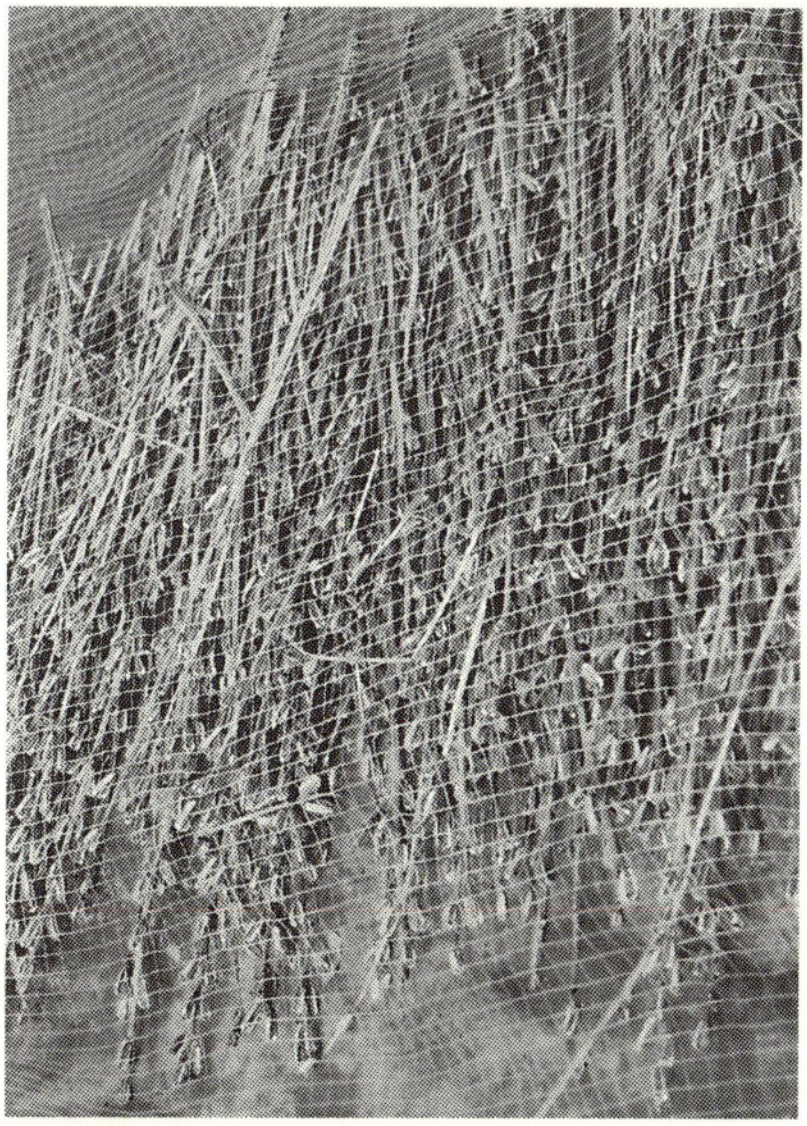
ネットを張って株を乾燥（妻鹿在来、写真・山根成人）

播種　各畝の中央部に一条のまき溝を切り十分水やりして条《すじ》まき（条播）した後、かるく覆土する。三〜四日で出芽するので、本葉二枚時と五枚時に間引いて最終株間を二〇cm程度にする。

管理　開花の始まる前に中央の畝の両端を除いた三m分くらいに300#の寒冷紗でつくった大型の網袋をかけ、袋をかけた株からのみ採種する。ゴマは自家受精する作物だが、オープンで採種すると虫媒による交雑が懸念されるため、網かけを行うのが安全である。この際、周辺部の株は交雑を防ぐバリ

莢つきのゴマ

ゴマの種子（兵庫県下の在来種）

シートの上で莢をたたいて種を取り出す（写真・山根成人）

アとなる。

ゴマの品種の大部分は分枝しないが、なかには分枝する品種や草丈が一mを超える品種もある。このような品種は強風で倒伏する危険性があるため、株元に十分土寄せを行って倒伏防止対策とする。

場合によっては網袋をかける前に各株に丈夫な支柱をしておく。

採種の手順と種子保存

落葉が進み、基部の莢《さく》が裂開し始めたら収穫期である。株を基部から刈り取り、葉を落としたものをブルーシートの上に並べて数日間乾かし、すべての莢が裂開したころを見計らって莢をたたいて種を取り出す。

取り出した種は、ふるいにかけて夾雑物を取り除き、扇風機などで風選する。変色したものや裂開したもの、発根したものなどをピンセットで取り除いて、ボールなどに入れて数日間、陰干しする。

よく乾燥した種子を紙袋に入れて冷蔵庫内で保存する。

ジャガイモ

〈栄養体で繁殖する野菜〉ナス科

種イモに適した系統・品種

栽培が年に一回の地域　男爵、メークイン、キタアカリほか、地域の在来種。

栽培が年に二回の地域　デジマ、ニシユタカ、アイノアカ、農林一号ほか、地域の在来種。

種イモ栽培のポイント

ジャガイモの栽培は北海道や東北を中心とした冷涼地では、夏季を中心に年に一回行われる。一方、九州や東海、近畿、中国、四国の沿岸島しょ部を中心とした温暖地では、春季と秋季、場合によっては冬季にも栽培が行われるなど、複数の作期が可能である。栽培が年に一回の地域では種イモの休眠問題はほとんど考える必要はないが、年に複数の作期がある地域では種イモの休眠問題は避けて通れない。

とくに春に採った種イモを秋の栽培に使う場合とか、夏に採った種イモを冬の栽培に使う場合とかのように、採種後あまり期間をおかずにその種イモを使用する場合には、種イモ掘り取り後の休眠期間の短い品種を使用するとともに、種イモの掘り取り時期や掘り取ってからの貯蔵条件に細かい注意が必要となる。

ジャガイモの塊茎《かいけい》（地下茎がはなはだしく肥大して塊状をなすもの）は、着生後ただちに休眠に入り、

収穫したばかりのジャガイモ

ウィルス病の多発した畑

この状態で肥大する。地上部が枯れてからもしばらく休眠状態は続き、その後、次第に休眠は浅くなって覚醒するが萌芽に適した条件になるまでは萌芽しない。休眠に入ってから覚醒するまでを自然休眠、覚醒後の不適環境による不萌芽状態を強制休眠という。

ジャガイモ塊茎の自然休眠期間は、塊茎を掘り取ることにより短縮される。さらに高温期に掘り取ったものは低温処理により、また、低温期に掘り取ったものは高温処理により短縮される。

広島県での採種栽培の例を示すと、現在の品種は「デジマ」が主体で、春作での植えつけ時期は二月下旬～三月上旬、掘り取り時期は六月中旬、秋作での植えつけ時期は八月下旬～九月上旬、掘り取り時期は一二月上旬である。

定植　植えつけは、大きさ一〇〇g前後の種イモを二つ切りにして切り離さず、植えつけ時に切り離して並べて植える。これは塊茎単位栽培法といい、もし、この種イモがウイルス病に罹病していた場合は、並んだ二株を抜き取ることができる便利な方法である。畝幅は約七〇cm、株間は春作で約三〇cm、秋作で約二五cmとする。畝の中央部に深さ二〇cm程度の植え溝を掘り、切り口を下にして種イモを植えつけ軽く覆土した上に、乾燥鶏糞を一m²当たり三〇〇g、さらにアブラムシ防除用の粒剤を散布した後に、覆土して畝立てする。

種イモ用に栽培

秋作の植えつけ時期は、高温乾燥期にあたるため、植えつけは雨を見て行うのがよい。さらに、植えつけ後の過乾燥や地温上昇を防ぐため、藁や刈った草などで畝を被覆する。出芽が始まったら、これらの被覆物はすみやかに取り除き、芽に光を当てて伸び過ぎを防ぐ。

　あらかじめ砂床などに切断した種イモを並べて、水やりしながら萌芽させた後、植えつける方法もある。

　この場合、ジャガイモ蛾《が》幼虫の加害が懸念されるため、砂床は必ず寒冷紗で完全に被覆する。

管理　出芽そろい後はつねに畑を見回り、ウイルス病など病害に侵された株はすみやかに抜き取るとともに、アブラムシなど害虫の発生に気をつける。

　発生が見られたら、防除基準に沿って適切に薬剤散布を行う。

種イモづくりの手順と保存

　掘り取りは晴天日に行い、ただちに種イモとして適当な大きさ（一個重で八〇～一一〇g）で外見上病害虫の被害のないものを選んで、二～三日陰干しをし、発泡スチロールなどの箱内に貯蔵する。

　植えつけ時期になったら、萌芽していることを確かめてから、種イモとして利用する。

開花したジャガイモ畑（男爵）

種イモ（普賢丸）を掘り取る

掘り取った種イモを集め、広げる

サツマイモ
〈栄養体で繁殖する野菜〉ヒルガオ科

種イモに適した系統・品種

鳴門金時、土佐紅、ことぶきなど高系14号の改良種。べにあずま。パープルスイートロード、すいおうほか、最近の育成種。

種イモ栽培のポイント

畑づくり　日当たりや水はけのよい畑で、サツマイモの連作地を避ける。植えつけの一か月以上前に一㎡当たり乾燥牛糞一・五kg＋苦土石灰一〇〇g、もしくはバーク堆肥一・五kg＋乾燥鶏糞三〇〇gを施用する。さらにコガネムシ類幼虫の食害を防ぐため、カルホス微粒剤Fもしくはアクタラ粒剤5を九g程度その上に散布後、深く耕耘して幅約七五㎝の畝をつくる。畝数は一本よりも複数として、その上に蔓を延ばすようにし、周辺に植えた作物への影響を少なくするよう心がける。

挿し苗および管理　五月下旬〜六月上旬にまとまった雨を見て株間約四五㎝に挿《さ》し苗《なえ》する。期間中にまとまった降雨のない場合は適当な時期に挿し苗後、藁《わら》もしくは刈った草で上部を覆いその上から水やりする。その後は天候を見ながら再度水やりする場合もあるが、たいていは一回の水やりで活着するため、活着を確認したら被覆物を除去する。

生育期間中は、数回の除草と外部への蔓のはみ出しを防ぐ程度で、特別の作業はない。ウイルス症状の見られる株があれば、早めに抜き取る。

種イモづくりの手順と保存

掘り取りは初霜の前に行う。霜にあうと貯蔵中に腐敗する確率が高くなるため、霜にあう前に掘り取る必要がある。

天気のよい日に掘り取り畑で乾かした後、色や形がよく、大きさ一五〇g〜二五〇gのものを選び種イモとする。

掘り取ったばかりのサツマイモ

このような大きさのものがない場合はもう少し小さくてもよい。外皮の一部が変色していたり、線虫などの被害を受けているものは選ばない。

選んだ種イモはただちに室内に入れて、ムシロや毛布などで覆ってイモの温度が下がらないようにする。このような状態で一〇日程度放置し、イモの呼吸量が減少してきたら本貯蔵する。貯蔵場所は納屋など温度変化の少ない場所で、発泡スチロールの箱などに入れて、フタをせずに、その箱を囲むように稲藁《いなわら》を二～三層並べて被覆し、温度変化をなるべく少なくする。貯蔵温度は一三℃程度でよい。

もみ殻は吸湿性が劣るため、イモが呼吸したときの水蒸気がもみ殻の表面に水滴として付着する。これが冷えてイモの温度を下げるため、イモは腐敗しやすい、イモの量に対してもみ殻の量が相対的に少ない条件では貯蔵用資材としては不適である。一方、稲藁は吸湿性に優れ、イモの呼吸によって発生する水蒸気を吸収し、外温が上昇すればこれを放出するため、イモを湿らさず乾かさず貯蔵した状態のままで長期間保つ理想的な資材である。

〈栄養体で繁殖する野菜〉サトイモ科

サトイモ

種イモに適した系統・品種

石川早生、土垂、唐芋ほか、地域の在来種、育成種。

種イモ栽培のポイント

畑づくり　水やり可能な畑か水田転作畑が適する。植えつけの一か月以上前に一㎡当たり苦土石灰一五〇gを全面散布後、約一〜一・三m間隔に深さ約三〇cmの肥料を施すための溝（施肥溝）を掘り、乾燥牛糞二・五kgを入れて埋め戻す。苦土石灰を使用せず同様の施肥溝にバーク堆肥二・五kg＋乾燥鶏糞三〇〇gを入れて埋め戻してもよい。床《とこ》幅七〇〜一〇〇cm、溝幅約三〇cm、高さ約三〇cmの高畝をつくり、植えつけを待つ。

定植　地温が一五℃近くになったら植えつける。小型品種は狭い畝を用い、株間を四五〜五〇cmとする。一方、大型品種では広い畝を用い、株間も七〇〜八〇cmと広くする。種イモの上部に五cm程度覆土後、全面に黒マルチを行う。出芽してきたらマルチを持ち上げるので、その部分を破ってやる。

なお、すでに萌芽している種イモを植えつける場合は、先にマルチを行い、株間に合わせてマルチに穴をあけ、そこに植えつける。

管理　生育中に乾燥が激しい場合は、溝に水を入れる方法で水やりする。生育中期以降に腋芽《えきが》の発生

サトイモ畑（兵庫県姫路市兼田）

サトイモを種イモ用に仕分ける

サトイモの種イモ（姫路のエビイモ）

三つ鍬でサトイモを掘り取る

が見られたら早めに取り除く。アブラムシやスズメガなど蛾《が》の幼虫の被害があるため、防除基準に沿って定期的に薬剤散布を行う。採種用には生育のよい株を二～三株選んで印をつけておく。ウイルス症状の出ている株からは絶対に採種しない。

種イモづくりの手順と保存

サトイモの種イモは、小規模栽培の場合、掘り取らずに畑で越冬させ、暖かくなる春先に掘り取って室内貯蔵するのが普通である。畑で越冬させるには、初霜のころ（地温が下がり始める時期）にマルチを取り除いて、株の上部に土を盛り上げ、さらにもみ殻などの有機物で越冬株のまわりを覆って雨水の畝内への大量浸透を避け、地温の低下を防ぐ。サトイモが寒害を受けない温度は七～八℃以上といわれており、この温度を目安に地温を確保する。

春になり地温が一〇℃以上に上昇したら株を掘り上げ、その品種の大きさで中程度のものを選んで、ダンボールなどに入れ、その上を稲藁《いなわら》や毛布などで覆って室内に一時貯蔵し、種イモとして利用する。

ヤマノイモ

〈栄養体で繁殖する野菜〉ヤマノイモ科

種イモに適した系統・品種

大和いも、銀杏いも、ながいも、つくねいも、じねんじょなどの品種群で地域の在来種もしくは育成種。ウイルスフリー種が入手できれば最適。

種イモ栽培のポイント

畑づくり　粘質土は適さない。植えつけの一か月以上前に一㎡当たり乾燥牛糞二・〇kg＋苦土石灰一〇〇g、もしくはバーク堆肥二・〇kg＋乾燥鶏糞三〇〇gを施用し、深く耕耘しておく。植えつけ直前に再度耕耘して、幅約八〇㎝、高さ約三〇㎝の畝をつくる。

定植および管理　地温が一五℃になったころが植えつけ適期である。耕土の浅い場所でながいもやじねんじょの栽培を行う場合はパイプ栽培がよい。

これは土中に栽培専用のパイプを設置しその中に種イモを植えつける方法で、新イモはパイプの中で生長するようになっている。パイプの間隔は七〇㎝程度とし、水平もしくは少し斜めに設置する。

大和いもや銀杏いもでは株間二五〜三〇㎝に植えつける。種イモの大きさは五〇g前後、芽の集合している頂部は植えつけ時に削ぎ取って芽の数を少なくする。出芽後はさらに一本に間引き、ただちに丈夫な支柱を立て、その上から３００#の寒冷紗でつくった大型の網袋をかぶせてアブラムシの加害を防ぐ。生育中にウイルス症状の発生した株が見つかれば、ただちに抜き取る。

種イモづくりの手順と保存

地上部の黄化が八割程度進行したら収穫する。掘り取り後、線虫の被害を受けたものや変形したものを除いて、正常に肥大したものを種イモとして選ぶ。発泡スチロールの箱に入れて、上から湿ったおがくずを詰めてフタをし、物置きなどで貯蔵する。貯蔵温度は三〜五℃が適する。

ニンニク

〈栄養体で繁殖する野菜〉ユリ科

種球に適した系統・品種

ホワイト六片、ジャンボ、無臭など地域の在来種もしくは育成種。ウイルスフリーの増殖球が入手できれば最適。

掘り取ったばかりのニンニク（ハリマ王、写真・北本恵一）

ニンニクの種球（ハリマ王＝晩生の育成種）

種球栽培のポイント

畑づくり　植えつけの一か月以上前に一㎡当たり乾燥牛糞二・〇kg＋苦土石灰一〇〇g、もしくはバーク堆肥二・〇kg＋乾燥鶏糞二五〇gを施用し、ただちに耕耘しておく。植えつけ直前に再度耕耘して、幅約一mの畝をつくり雨を見て黒マルチを行う。

定植および管理　九月下旬ころに健全な鱗片一個ずつを株間約一五cm、深さ約三cmで二条に植えつける。逆さに植えないよう注意する。晩春にとう立ち（抽薹《ちゅうだい》）が始まったらとうの部分を早めに切除して球の肥大を助ける。また、ウイルス症状の出た株には目印をつけておき、採種しないように心がける。

種球づくりの手順と保存

初夏になり地上部が黄化したら晴天日に掘り取り、茎を一〇cmくらいつけた状態でビニールハウス内やガレージ内など日当たりがよく雨の当たらない場所でよく乾かす。よく乾いたら四～五本をまとめて束にし軒下などに吊して陰干し状態で保存する。

ワケギ

〈栄養体で繁殖する野菜〉　ユリ科

種球に適した系統・品種

広島1～5号など地域の在来種もしくは育成種。ウイルスフリーの増殖球が入手できれば最適。

種球栽培のポイント

畑づくり　植えつけの一か月以上前に一㎡当たり乾燥牛糞二・〇kg＋苦土石灰一〇〇g、もしくはバーク堆肥二・〇kg＋乾燥鶏糞三〇〇gを施用し、ただちに耕耘しておく。

植えつけ直前に再度耕耘して、幅約六〇cmの畝をつくる。

定植　九月上旬に株間約二〇cmに一か所二球程度、球の先端部が見える程度に浅く植えつける。雨を見て萌芽し、順調に生育すれば晩秋と初春の二回分蘖《ぶんげつ》（根に近い茎の関節から枝分かれすること）して一株で五〇球以上の大株となる。

管理　ワケギはネギ萎縮ウイルスやニンニク潜在ウイルスに罹病することが確認されている。これらのウイルスはアブラムシによって媒介されるため、

ワケギの種球を乾燥させる

乾燥済みの種球。皮をむいて健全な種球のみを種とする

防除基準に沿って生育初期から定期的に薬剤散布を行う。

ウイルス症状は生育の盛んな時期に確認しやすいので、葉先の縮れや葉の条斑等の症状を確認して株に印をつけておき、このような株からの採種は行わない。

なお、除草は適切に行う。

種球づくりの手順と保存

ワケギは、タマネギの性質を受け継いでいるため、日が長くなり、温度が高くなると地上部が枯れて休眠に入る。地上部が黄化して倒れはじめたら、株を抜き上げてばらし、土を落として風通しがよく雨のかからない軒下などに吊し、乾かしながら夏を越す。

植えつけの一週間くらい前に枯れた外皮を取り除いて中の球を取り出し、一球ずつに分ける。このなかで大形で健全な球だけを選んで種球とするため、発泡スチロールの箱などに入れて涼しい場所で植えつけ時まで保存する

〈栄養体で繁殖する野菜〉 ユリ科

ラッキョウ

種球に適した系統・品種

らくだ、玉ラッキョウおよびこれらの改良種、育成種。ウイルスフリーの増殖球が入手できれば最適。

種球栽培のポイント

畑づくり　植えつけの一か月以上前に一㎡当たり乾燥牛糞二・〇kg＋苦土石灰一〇〇g、もしくはバーク堆肥二・〇kg＋乾燥鶏糞三〇〇gを施用し、ただちに耕耘しておく。

植えつけ直前に再度耕耘して、幅約六〇cmの畝をつくる。

定植　八月下旬ころに畝の中央部に深さ約一〇cmの植え溝を切り、約一五cm間隔に一か所二球ずつ植えつける。種球の先端部が畝の表面から三cm程度下がった位置になるように深く植えつけるのがよい。

管理　萌芽後は二回程度分蘖《ぶんげつ》して一株が二〇球程度になる。

この間、鱗茎部分が露出しないように二～三回の土寄せと除草を行う。

ラッキョウもウイルスに罹病するが、症状がはっきりしないので、採種株は生育のよい株を選ぶのが適切である。ウイルスを媒介するアブラムシの防除を中心に、防除基準に沿って生育初期から薬剤散布を行う。

種球づくりの手順と保存

地上部の黄化が始まったら株を抜き上げてばらし、土を落として雨のかからない軒下などに吊るし、乾かしながら夏を越す。

植えつけ直前に下ろして、乾いた地上部および根（一cm程度残してその先）をハサミで切り取り、一球ずつに分けて種球にする。

ショクヨウギク

〈栄養体で繁殖する野菜〉キク科

増殖に適した系統・品種

延命楽、安房宮ほか、地域の在来種。

新株育成のポイント

ショクヨウギクのなかには一年栽培した株の木化が進み、風雨により根元から折れる枝が多くなって生産力が極端に低下する品種がある。したがって、毎年、冬に出てくる芽を挿して新しい株を養成する必要がある。

挿し芽　冬至芽を挿す時期は、地域により異なると思われるが、西日本では五月上～中旬が適する。

まず、挿し床は、底部に排水のための穴を数個あけた深さ約一〇cmの発泡スチロール製の箱をつくり、排水をよくするために径三cm程度のパイプを二～三本、等間隔に並べた上に置く。

挿し床の置き場所は、半日は日陰になるような場所が最適である。終日日の当たる場所では300#の寒冷紗の浮き掛けをするとよい。

雨は当たってもよい。

挿し床の土（培地）は鹿沼土など水持ちのよい資材がよく、床いっぱいになるように入れた後に、しっかり水をかけ、少し沈んだ状態で穂を挿す。

穂は伸びた冬至芽の先端部を五cm程度よく切れる刃物で切り取り、水を張ったボールなどに浮かした

収穫期のショクヨウギク（青森県南部町、写真・丹野清志）

状態で乾かさないようにする。

この時、アブラムシなどの害虫が付着していれば完全につぶしておく。

展開葉二枚程度をつけた状態で床に挿し、乾かさないように晴天日には毎日水やりする。余分の水は下に排水され、培地内に滞水することはない。

育苗　二～三週間で発根するので、発根が確認されたら、ただちに径七・五㎝の黒ポリポットに鉢上げする。鉢上げ時期が遅れて根が伸びすぎた場合は、伸びすぎた根を二㎝程度に切除した後に鉢上げする。

家庭菜園のショクヨウギク（福島県飯野町、写真・熊谷正）

摘み取ったショクヨウギク（左はもってのほか、写真・熊谷正）

この時点で親株は掘り上げて廃棄する。

畑づくり　定植の一か月以上前に一㎡当たり乾燥牛糞二kg＋苦土石灰一〇〇gもしくはバーク堆肥二kg＋乾燥鶏糞二五〇gを施用後、耕耘して幅約一mの畝をつくり、雨を見て全面に黒マルチを行う。

定植および管理　本葉が四～五枚展開したら、いつ植えつけてもよい。

梅雨の残っている間に植えつけできればよいが、その後の高温、乾燥季の植えつけは活着不良となりやすいので避けたほうがよい。この場合は鉢の状態で管理し、伸びすぎるようなら先端部を摘心する。八月下旬になり雨を見て植えつければその後の伸長は旺盛で株は大きくなる。病害虫防除は防除基準に沿って定期的に行う。

次年度の株の選定

開花したら花の色や形、数などをよく観察し、ウイルス病などの病徴のない優れた株を来年度の親株に選定する。

スイゼンジナ

〈栄養体で繁殖する野菜〉キク科

増殖に適した系統・品種

在来種。

新株育成のポイント

スイゼンジナは熱帯アジア原産。日本では主に沖縄県、熊本県などで栽培される野菜で、草丈五〇～七〇cmになり、茎は円柱形、葉は長楕円形で先が尖っている。もっぱら若い（やわらかい）茎葉《けいよう》を摘んで利用する。

暖地では防寒によって冬でも収穫できるが、内地では温室栽培でないと経済栽培は無理なようである。

広島県の中部地帯では、無加温の栽培室内で開花はするが結実はせず、もっぱら栄養繁殖を行っている（栄養繁殖＝無性生殖。むかご・鱗茎・塊根、また挿し木・接ぎ木などによる生殖で、生じた個体はクローンである）。

株の保存　霜にはきわめて弱いため、まず霜のくる前に株を掘り上げ、栽培室内に移植する。冬季、無加温の栽培室内では、水のやり過ぎに注意し乾燥気味に管理する。

アブラムシの発生があれば早めにつぶす。

マイナー作物なので登録農薬がなく、栽培室内では天敵がいないため、発生初期に手でつぶすのが最適である。

収穫間近のスイゼンジナ（写真・熊本県園芸生産・流通課）

スイゼンジナの越冬状況

栽培試験地にて生育中のスイゼンジナ（写真・熊本県園芸生産・流通課）

挿し芽　地温が上昇しはじめるころに、挿し芽を行う。方法はショクヨウギクに準ずる。

育苗　ショクヨウギクに比べると発根は早く、挿し芽後一〇日前後で始まる。発根を確認したら、早目に鉢上げし、親株は掘り上げて廃棄する。

畑づくり　植えつけの一か月以上前に一㎡当たり乾燥牛糞二kg＋苦土石灰一〇〇g、もしくはバーク堆肥二kg＋乾燥鶏糞二五〇gを施用後、ただちに耕耘して幅約一mの畝をつくり、雨を見て全面に黒マルチを行う。

定植および管理　鉢上げ後二週間程度で栽培畑（本圃）に植えつける。

スイゼンジナは暑さに強く、ホウレンソウやコマツナなどほかの軟弱野菜の生育が阻害される盛夏季に、旺盛に生育するのが特徴である。したがって、盛夏季までに株を大きく育てておく必要があり、必然的に早く植えつけなければならない。

害虫の発生が見られたら即座に手でつぶす。

次年度の株の選定

ウイルス病の病徴がなく、葉が大きく、色が鮮やかで、柔らかく、生産力の高い株を次年度の親株に選定する。

イチゴ
〈栄養体で繁殖する野菜〉バラ科

株づくりに適した系統・品種

宝交早生、四季成り性品種。

新株育成のポイント

最近のイチゴ栽培は、①休眠打破に必要な低温期間の短い品種の育成や、②株の低温暗黒処理、クラウン（花冠）の直接低温処理などによる花芽分化促進技術、③低温季の訪花昆虫の利用、④電照やジベレリン処理などによる葉の伸長促進、などにより生育促進と増収・品質向上技術が安定し、イチゴの生産はクリスマスケーキのデコレーションに使用するころから始まり、冬季中心の出荷が普通となっている。

そして、ハウス栽培での長期生産であるため、本来の露地栽培の収穫期である五月ころには、すでに株の疲弊と高気温のために、収量、品質ともに低下の一途をたどるのが一般的である。

しかし、ここで記する子苗生産は、上記した高度なハウス栽培を対象としたものではなく、だれにでも可能な家庭菜園も含めた露地栽培でのものである。最近の子どもを含む若い消費者たちは本来のイチゴの熟期は真冬だと勘違いしている向きも多いと思われるが、本来のイチゴの熟期は五月なのである。

露地栽培用の品種は、「宝交早生」が一般的である。この品種は、花芽分化や休眠打破による葉の伸長促

夏イチゴ（秋田県雄勝町、写真・丹野清志）

進に必要な低温期間がハウス栽培用の品種に比べて五倍以上も長いため、露地栽培でも花器の損傷や訪花昆虫不在が原因で結実不良となる低温期に咲くあだ花が少なく気温が上昇し、訪花昆虫が活発に活動するようになってから開花する花数が多いため、露地栽培でもそこそこの収量が期待できる。

親株の選定　子苗生産は収穫が終わってから発生するランナー（親株から伸びた茎で、匍匐枝《ほふくし》ともいう）を使う。

イチゴの花を訪れるナミハナアブ（写真・福田俊）

ところで、イチゴは多くのウイルス病に罹病している可能性が高い。多くの作物ではウイルス病に罹病すると、そのウイルス病特有の病徴を現すのが普通であるが、イチゴの栽培種ではこの病徴がはっきりしない。この罹病の確認はウイルス病に罹病すると明らかな病徴を現す野生種に接《つ》ぐと可能だが、栽培畑（圃場）での確認はできない。

そこで、結果《けっか》（実のなった）時期に生育がよく、収穫量も多そうな株にあらかじめ印をつけておき、その株を選抜株として残し、この株から親株用のランナーを採る。

収穫終了後では着果量がわからなくなるので、選抜株の確認は着果状況を見ながら行うのが適切である。選抜株の数は次年度の植えつけ予定株数の二割程度が理想的である。

畑づくり　親株を育てる親株床の予定地へは六月上旬に一㎡当たり乾燥牛糞一・五kg＋苦土石灰一〇〇g、もしくはバーク堆肥一kg＋乾燥鶏糞二〇〇gを施用し、ただちに耕耘しておく。

定植および管理　六月下旬に親株を植えつける。

イチゴの親株の生育

収穫期のイチゴ（静岡県韮山町、写真・丹野清志）

親株床は、床幅一・八〜二m、株間約五〇cmとし、選抜株から発生したランナーで本葉が二・五枚程度に生育したものを親株として、床の両側に一条ずつ植えつける。

この親株から発生したランナーはいずれも床の内側に向かって伸ばし、両側から伸びてきたランナーが交差しないように配置する。

八月の干魃《かんばつ》期には状況を見て水やりする。

育苗中には「じゃのめ病」などの病害が発生するため、発病した下葉は定期的に取り除く。

一〇月の植えつけ時期に本葉二・五〜三枚に生育した株を選んで、栽培畑（本圃）に植えつける。親株一株から採れる苗は普通五〜六株である。

次年度の株の選定

このような管理を繰り返し三年程度経過すると、生産力低下が目立つようになる。この原因は主としてウイルス病によるためなので、ウイルスフリー株の購入により株の更新を行う。

◆自家採種・自家増殖のルールと種苗法

種苗法《しゅびょうほう》は、品種育成者の育成権利を保証する法律で、一九七八年に創設され、その後、育成者の権利の強化などを内容とした大改正が一九九一年に行われた。さらに一九九八年の大改正を含めて四度の改正が行われている。

改正の主な点は、

①保護対象を栽培されるすべての植物に拡大する。
②登録前にも一定の保護（仮保護）を認める。
③育成者の権利を「育成者権」と明記し、それに違反した場合の罰則を強化する。
④育成者は登録品種の販売に際し、それが登録品種であることを利用者に表示しなければならない。
⑤登録品種でないものを登録品種と偽って販売した場合は処罰の対象となる。
⑥農家の自家増殖を育成者権の例外とする。
⑦従属品種にも権利が及ぶこととする。

などである。

これらのうち、自家採種にかかわる項目については、以下のような決まりになっている。

農家の自家採種による増殖は従来から慣行的に広く行われてきたことに配慮する必要があるとして、例外的に育成者の許諾なく自家増殖ができるように処置された（最初の種苗を入手する段階では許諾が必要）。

この権利の例外となる自家増殖には次のような要件がある。

①自家増殖を行う者は個人または農業生産法人であること。
②自家増殖を開始する時に使用する種苗は権利者から譲渡されたものであること（したがって、隣の

〈農家の自家増殖〉

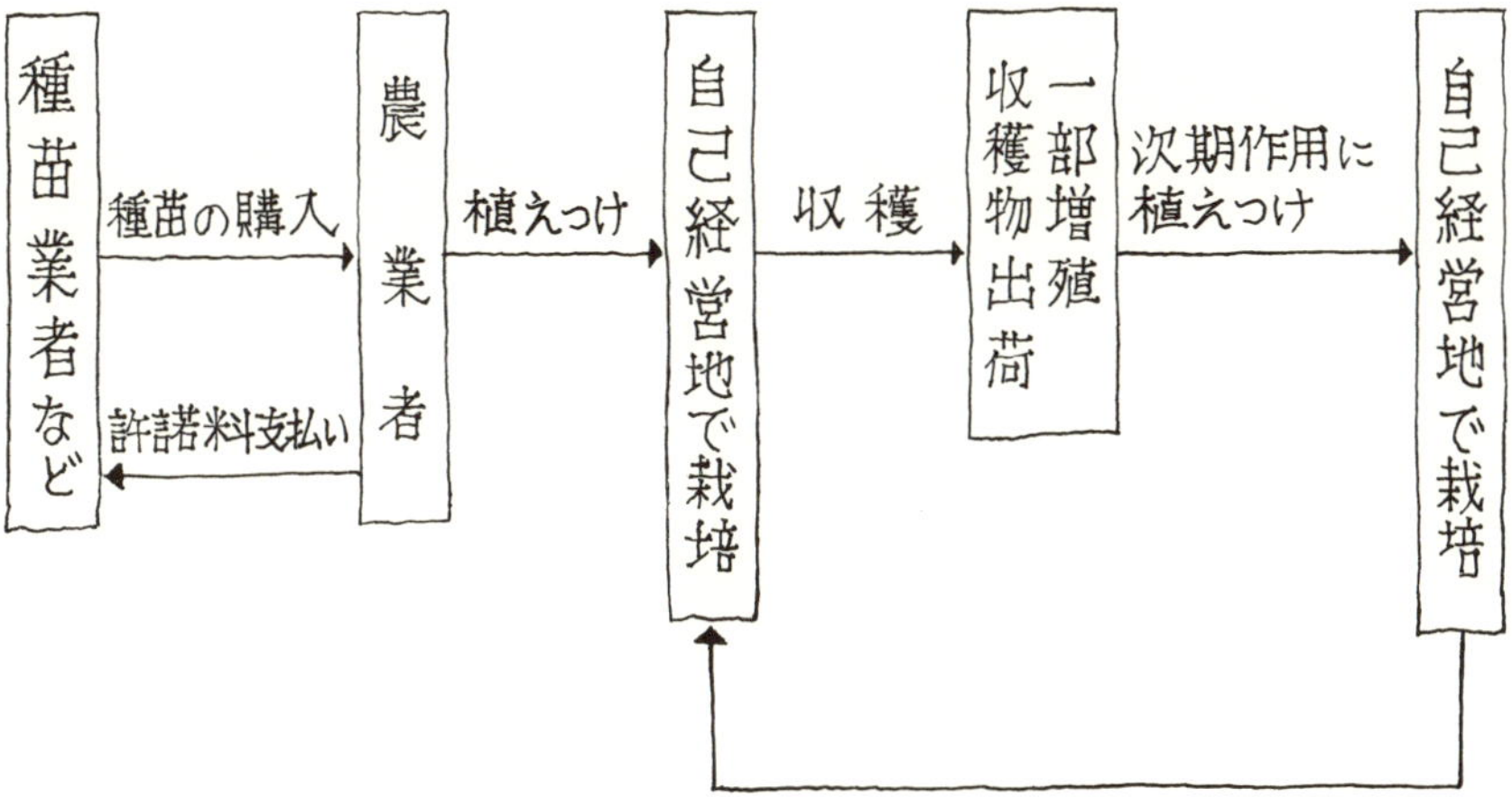

家から分けてもらった種苗を元に自家増殖を開始した場合は許諾が必要）。

③省令で定める栄養繁殖性の植物（挿し木・挿し芽などで増える植物）でないこと。この省令で定める植物については、自家増殖の制限が定着しているもののなかから現在八一品目が指定されている。

さらに、種苗の販売などの時に個別に自家増殖を制限する契約があったときは、その契約は有効であり、自家増殖についても育成者権が及ぶこととされている。

このように農家の自家増殖が権利の例外となるためには一定の条件があるので、増やそうとする植物の種類や販売時の契約内容をよく確かめることが必要である。

なお、新品種育成のためのみに使用される場合は登録品種といえども自由に使用できる。

この種苗法について詳しく知りたい場合は、農林水産省のホームページで見ることができる。

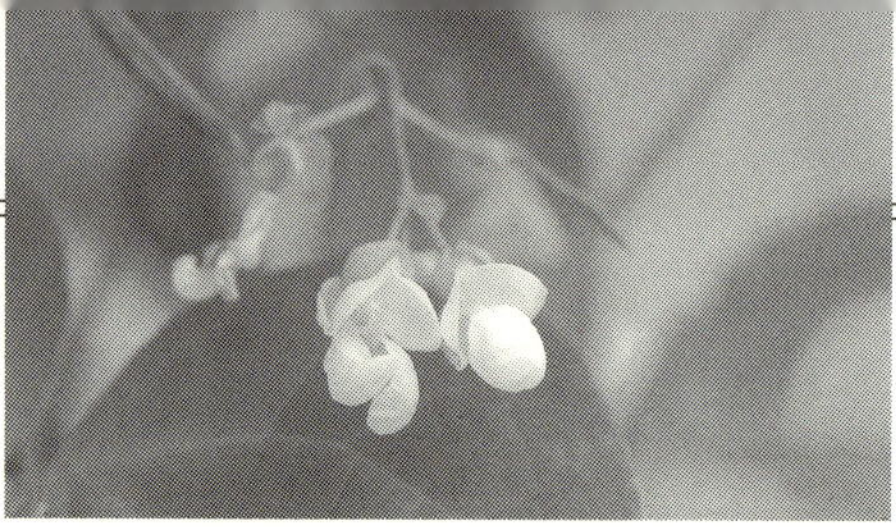

あとがき

日本で出版されている野菜の採種に関する文献はいくつか見られるが、内容はいずれも大規模栽培を基本として書かれており、家庭菜園や市民農園などを含む規模の小さい栽培を対象としたものはほとんど見られない。

一方、伝統野菜の栽培はほとんどが小規模で、限られた地域で取り組まれており、そのほとんどは地域特産物となっている。そして、その種子は種屋さんでは購入できないものが多く、栽培者自らが採種しなければならない。

＊

小規模で採種栽培を行う場合、交雑可能な条件が近くにあるわけだから、交雑を防ぐ手だてをきちんと講じる必要がある。そのため採種の効率は悪くなる。たとえばアブラナ科などでは、実際に採種できる株の割合は植えつけた株数の二〜三割にすぎず、残りの株は交雑可能な異種花粉の周辺部からの飛び込みを防ぐバリア的な役割のために利用される。

また規模が小さいため、訪花昆虫などを用いた効率的な採種もできがたく、その代わりに人工交配を行うことになる。

つまり小規模採種には大規模採種とは違った効率の悪さがあることもやむをえず、また、こまめな作業が必要なのである。しかし、それによって得られる喜びもまた大きい。本文にも記したように、伝統野菜は固定種であるため、実用的な範囲で少しずつ違った形質を持っ

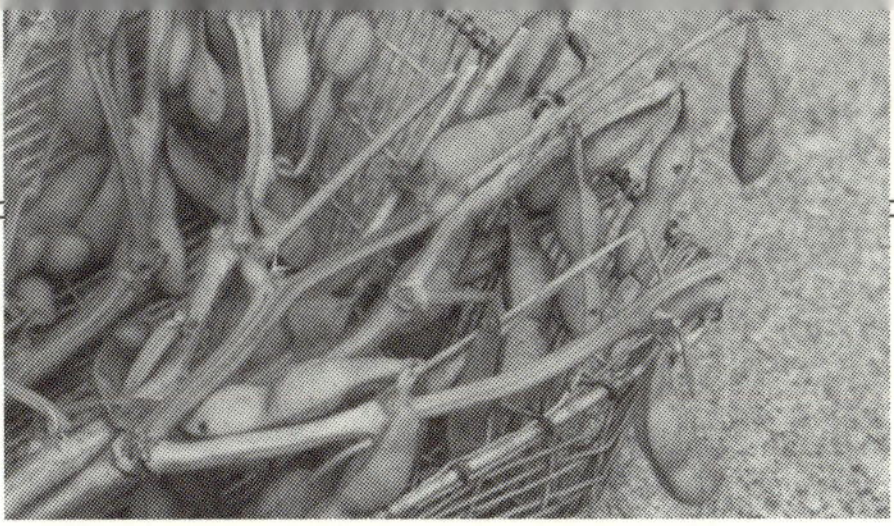

た株の集団である。

このなかから時間をかければ自分の思いに適った品種をつくりだすことも可能なのである。そして、その種を自分で採る。極端な言い方をすれば、世界に二つとない自分独自の野菜の種が自分で採れるのである。この喜びは、野菜に強い思い入れを持つ栽培者にとっては何ものにも替えがたいと思う。

*

この本でもう一つ強調したかったのは家畜糞の利用である。現在、日本で排出されている家畜糞尿は年間一億トン前後と推定されており、環境汚染が心配される原因の一つになっている。

日本の畜産は飼料の大部分を海外から購入し、排泄物を受け皿のない状態で垂れ流すリサイクルの不完全な状況にある。

一方、この家畜糞尿の成分量を肥料に換算すると、現在日本で使われている化学肥料の成分量にほぼ匹敵するとの試算もあり、有効な資源であることも事実である。

そして、この家畜糞の現在の市販価格は乾燥や袋詰め、流通の費用を考えても極端に安く、これを野菜の栽培に利用すれば生産費の低下に大幅に寄与すると思う。

これまで家畜糞が野菜の栽培に使われにくかった原因は、次の二点にあると思う。

その第一は、家畜糞が安価であるために極端な大量投入により野菜の生育に異常をきたす例が多発したのではないかと思われる。

その第二は、家畜糞を投入して時間をおかずに作付けを行った結果、発芽不良や生育障害を起こした例があったのではないかと思われる。

いずれの原因も家畜糞そのものにあるのではなく、栽培者の認識不足による使用上のミスである。かつて一九七〇年代に鶏の病害の予防薬として用いられたもののなかに塩素化合物が含まれていたものがあって、その鶏糞を使用した野菜の多くに奇形が発生したことがあったが、最近ではこのような問題は聞かない。

家畜糞は未熟有機物であるため、土壌中に投入されたものが微生物の餌《えさ》となり作物に安全な肥料として利用されるまでに浄化されるには、一定の期間が必要である。その期間は、微生物の増殖が旺盛な夏季には短く、ゆるやかな冬季には長い。投入量の多少や、土壌との混和状況も関係するであろう。このような諸点を考慮して的確な利用をすればきわめて有効な資材であることは間違いない。

筆者は最近の約三〇年間、乾燥鶏糞と年間数回刈る畦畔《けいはん》雑草だけで野菜の栽培を続けている。生育はマイルドで非常によくできるし味もよい。家畜糞は、野菜の生育に必要な肥料の多量要素だけでなく、微量要素や有機物についてもバランスのとれた供給源として優れている。ぜひ有効活用していただきたい。

*

伝統野菜の復活は、最近、一種のブームも含めて各地で取り組まれている。取り組みの主体は農業技術センターなど公共の研究機関が多いが、民間でもこれに積極的に取り組んでお

られる種屋さんや農家、さらに「日本有機農業研究会」や「ひょうごの在来種保存会」など有志の集まりもある。

これら関係者が共通的に悩み、活動の中心として取り組んでいるのが「昔の特性」を持った品種探しである。裏を返せば昔の特性を持った品種が現在保存されていないということで、これはとりもなおさず的確な採種が行われてこなかったことのあかしでもある。

一度交雑させてしまった品種を元に戻すには大変な労力と時間が必要だが、一方では今すぐにそれをやらないと間に合わないことも事実である。

そのために日夜努力されている関係者の活動に敬意を表したい。

＊

最後に、この稿を起こすにあたっては創森社の相場博也氏に数回にわたってあたたかい励ましの言葉をいただいた。また、撮影、作図、写真提供などを含む多くの編集関係の方々のお世話になった。さらに、「ひょうごの在来種保存会（山根成人代表）」のみなさんに撮影、および写真提供などのご協力を得ることができた。併せて記して謝意を表したい。

二〇〇八年　四月

船越建明

名称	〒	住所・電話番号
田中種苗	693-0002	島根県出雲市今市町北本町2-9 ☎0853-21-1359
錦農館	692-0014	島根県安来市飯島町411 ☎0854-23-1300
㈱井谷種苗園	731-0103	広島市安佐南区緑井6-7-8 ☎082-877-9286
萩タネ㈱	758-0044	山口県萩市唐樋町34 ☎0838-22-0618
徳島県種苗研究会	771-0138	徳島市川内町平石流通団地10 ☎088-665-2788
㈱橋本種苗園	760-0063	香川県高松市多賀町1-4-7 ☎087-831-2262
㈲村田種苗店	790-0032	愛媛県松山市土橋町14-7 ☎089-921-3289
㈱高知前川種苗	780-0054	高知市相生町6-3 ☎088-883-5201
中原採種場㈱	816-0093	福岡市博多区那珂5-9-25 ☎092-591-0310
八江農芸㈱	854-0023	長崎県諫早市厚生町3-18 ☎0957-24-1111
(合資)千歳農園	860-0844	熊本市水道町1-21 ☎096-352-3687
熊本県園芸種苗㈱	862-0925	熊本市保田窪本町15-38 ☎096-385-7733
光延農園	863-0023	熊本県本渡市中央新町14-10 ☎0969-22-5184
えびの種苗	889-4301	宮崎県えびの市原田3297 ☎0984-33-5387
㈲梶田種苗	880-0301	宮崎県宮崎郡佐土原町大字上田島1590-1 ☎0985-74-0131
㈲二葉園芸種苗	891-0122	鹿児島市南6-2-29 ☎099-260-2181
グリーンプラザ川崎	890-0062	鹿児島市与次郎1-11-26 ☎099-258-0001
㈲フタバ種苗	901-1205	沖縄県島尻郡大里村字高平871 ☎098-946-6385
万葉種苗	904-2173	沖縄市比屋根1009 ☎098-933-0608

出典：『都道府県別地方野菜大全』（芦澤正和監修・タキイ種苗㈱出版部編、農文協）
　　　『つくる、たべる、昔野菜』（岩崎正利・関戸勇共著、新潮社）

名称	〒	住所・電話番号
光六種苗店	913-0045	福井県坂井郡三国町南本町4-10-28 ☎0776-82-0464
牧田種苗農機具店	910-0023	福井市順化2-9-10 ☎0776-25-1234
㈱種萬社	501-0431	岐阜県本巣郡北方町473 ☎058-324-1281
不二種苗㈱	503-0112	岐阜県安八郡安八町東結1535-1 ☎0584-62-1111
コサカ種苗(資)	506-0856	岐阜県高山市大門町75 ☎0577-34-0552
光郷城 畑懐 浜名農園(旧芽ぶき屋)	430-0851	静岡県浜松市向宿2-25-27 ☎053-461-1482
㈱野崎採種場	454-0943	愛知県名古屋市中川区大当郎1-1003 ☎052-301-8507
㈱アサヒ農園	495-0001	愛知県中島郡祖父江町祖父江字高熊124 ☎0587-97-2525
トヨハシ種苗㈱	441-8517	愛知県豊橋市向草間町字新印12-1 ☎0532-45-4137
愛三種苗㈱	452-0902	愛知県西春日井郡新川町大字助七新田字東山中93 ☎052-400-1325
松永種苗㈱	483-8212	愛知県江南市古知野町瑞穂3 ☎0587-54-5151
㈱太田種苗	523-0063	滋賀県近江八幡市十王町336 ☎0748-34-8075
滋賀県種苗生産販売協同組合	520-0047	滋賀県大津市浜大津3-7-20滋賀種苗内 ☎077-524-3394
タキイ種苗㈱	600-8686	京都市下京区梅小路通猪熊東入 ☎075-365-0123
赤松種苗㈱	543-0056	大阪市天王寺区堀越町11-11 ☎06-6771-4560
石原種子㈱	593-8324	大阪府堺市鳳東町4-407 ☎072-271-0012
山陽種苗㈱	670-0836	兵庫県姫路市紙屋町6-65 ☎0792-23-3441
小林種苗㈱	675-0039	兵庫県加古川市加古川町粟津404 ☎0794-22-2701
ナント種苗㈱	634-0077	奈良県橿原市南八木2-6-4 ☎0744-22-3351
㈱山本種苗園	640-8216	和歌山市元博労町38 ☎0734-31-9221

名称	〒	住所・電話番号
渡辺農事㈱	278-0006	千葉県野田市柳沢13 ☎0471-24-0111
小野種苗生花園	198-0041	東京都青梅市勝沼1-52 ☎0428-22-3683
㈱サカタのタネ	224-0041	神奈川県横浜市都筑区仲町台2-7-1 ☎045-945-8824
神奈川県種苗協同組合	235-0007	神奈川県横浜市磯子区西町13-21-102 ☎045-752-0921
㈱相沢幹雄商店	400-0865	山梨県甲府市太田6-12 ☎055-235-1285
秋山実食料品店	409-2532	山梨県南巨摩郡身延町173-1 ☎05566-2-1788
安曇村「風穴の里」	390-1504	長野県安曇郡安曇3528-1 ☎0263-94-2200
㈱日本タネセンター	399-0033	長野県松本市笹賀大久保工場公園団地 ☎0263-26-0565
清水種苗㈱	381-2202	長野市市場町1-10 ☎026-283-1187
信州山峡採種場	381-2405	長野県上水内郡信州新町大字新町707-4 ☎026-262-2313
ナカツタヤ	390-0816	長野県松本市中条10-6 ☎0263-33-1085
㈲近藤種苗	395-0041	長野県飯田市中央通り4-6 ☎0265-22-1090
北越農事㈱	953-8602	新潟県西蒲原郡巻町大字巻甲2517 ☎0256-72-3223
㈱米三	940-0087	新潟県長岡市千手3-10-40 ☎0258-33-4031
とんとん佐渡	952-0200	新潟県佐渡郡畑野町1212-4 ☎0259-66-4106
知本五三郎種苗店	952-0306	新潟県佐渡郡真野町四日町601-7 ☎0259-55-2125
ヨコイ種苗店	958-0874	新潟県村上市庄内町6-1 ☎0254-52-3754
㈲松下種苗店	921-8041	石川県金沢市泉町2-8-13 ☎076-243-4060
福種㈱	910-0841	福井市開発町1-33-1 ☎0776-52-1100
福井シード	918-8221	福井市問屋町2-66 ☎0776-22-0212

◆自家採種可能な種苗の主な入手先

名称	〒	住所・電話番号
㈱大学農園	060-0006	北海道札幌市中央区北六条西16丁目 ☎011-631-1556
北斗種苗園	030-0862	青森市古川1-3-16 ☎017-722-7887
㈱パセリー菜	039-1103	青森県八戸市長苗代前田524 ☎0178-56-3000
㈲たねの盛岡屋	024-0072	岩手県北上市北鬼柳20-62-1 ☎0197-64-1222
菊池種苗店	028-0517	岩手県遠野市上組町3-9 ☎01986-2-3829
㈱渡辺採種場	987-8607	宮城県遠田郡小牛田町南小牛田字町屋敷109 ☎0229-32-2221
クボタ種苗	010-0001	秋田市中通4-14-23 ☎018-832-6206
小池種苗㈱	014-0048	秋田県大曲市上大町2-6 ☎0187-62-0253
庄内種苗店	997-0028	山形県鶴岡市山王16-7 ☎0235-22-2629
日東種苗	963-0000	福島県郡山市久保田下河原11-1 ☎024-944-6221
菊池種苗	965-0064	福島県会津若松市神指町黒川村東際83-1 ☎024-232-8822
今川屋種苗店	960-8044	福島市早稲町9-10 ☎024-522-1144
㈱柳川採種研究会	319-0123	茨城県東茨城郡美野里町羽鳥256 ☎0299-46-0311
㈱トーホク	321-0985	栃木県宇都宮市東町309 ☎028-661-2020
カネコ種苗㈱	371-8503	群馬県前橋市古市町1-50-12 ☎027-251-1611
山木屋種物店	370-2300	群馬県富岡市1187 ☎0274-63-6911
野原種苗㈱	346-0002	埼玉県久喜市野久喜1-1 ☎0480-21-0002
トキタ種苗㈱	330-8532	埼玉県さいたま市中川1069 ☎048-683-3434
トキタ園芸	344-0061	埼玉県春日部市粕壁3-5-38 ☎048-752-3156
野口のタネ・野口種苗研究所	357-0067	埼玉県飯能市小瀬戸192-1 ☎042-972-2478

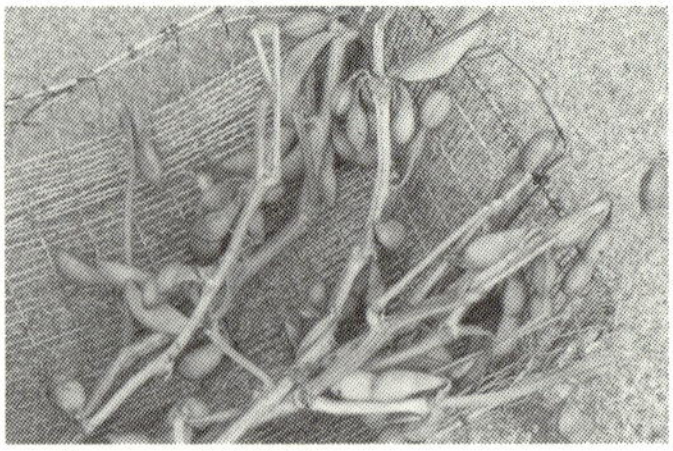
エダマメの「丹波黒」

採種用のトウガラシ

●ひょうごの在来種保存会

食文化の基本は食料の自給、自給の原点は「種」をモットーに在来種、地域固有種の保存登録と産地育成、「種採り人」の発掘、伝統料理（野菜）の掘りおこしやレシピ保存に取り組む。また、種子調査、産地探訪なども行う。

〒670-0901　兵庫県姫路市立町34

TEL 0792-84-1546　FAX 0792-84-3330

http://www.geocities.jp/seedhozonkai/

＊2008年4月現在。このほかにも在来種・固定種の保存をめざす団体、組織、グループは全国各地にあります

在来種・固定種インフォメーション

◆在来種・固定種の保存をめざす主な団体、組織、グループ

●日本有機農業研究会種苗ネットワーク事務局

日本全国の生産者の自家採種リストをデータベース化し、『自家繁殖カード集』や『有機農業に適した品種100撰』などを発行、頒布。自家繁殖可能な種苗の頒布、全国種苗研究会、種子冷凍保存などの事業を展開している。

〒113-0033　東京都文京区本郷3-17-12　水島マンション501
TEL 03-3818-3078　FAX 03-3818-3417
http://www.joaa.net/

アブラナ科などの種子展示

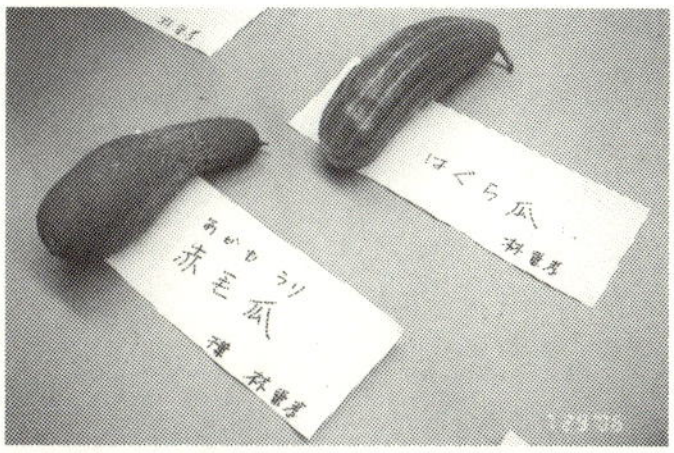

採種用ウリ類の展示

●山形在来作物研究会（事務局＝山形大学農学部附属高坂農場　赤澤經也）

2003年11月末、山形大学農学部の有志により山形県内の在来作物を保存したり、その意義をアピールしたり、さらに利用・普及をはかったりするために設立。県内在来作物の調査、在来種の種子収集と保存、シンポジウム開催などの活動を繰り広げている。

〒997-0369　山形県鶴岡市高坂字古町5-3
TEL 0235-24-9982　0235-28-2852（江頭）　FAX 0235-24-2270（赤澤）
http://zaisakuken.jp/

●(財)自然農法国際研究開発センター研究部育種課

自然の生態系を利用した農業技術の研究・普及活動の一環として、在来種の種子収集と保存に取り組んでいる。また、自然農法による品種育成と採種を行い、自然農法・有機農業実践者への種子頒布を行っている。

〒390-1401　長野県東筑摩郡波田町5632
TEL 0263-92-6800　FAX 0263-92-6808
http://www.janis.or.jp/users/infrc/

◆主な参考・引用文献一覧

「園芸新知識（野菜号）1月〜4月」タキイ種苗出版部　1987
古澤典夫監修、日本エゴマの会編『エゴマ〜つくり方・生かし方〜』創森社　2000
「広島県農業試験場報告第22号」広島県立農業試験場　1965
「広島県農業試験場報告第23号」広島県立農業試験場　1966
HIROSHIMA Vegetable「広島の野菜作り」広島県野菜振興協会　1991
本多藤雄監修『ネギ・香辛菜の上手なつくり方』家の光協会　1987
岩崎政利著『岩崎さんちの種子採り家庭菜園』家の光協会　2004
板木利隆著『家庭菜園大百科』家の光協会　2001
『有機農業ハンドブック〜土づくりから食べ方まで〜』日本有機農業研究会　1999
藤井平司著『新装版 本物の野菜つくり〜その見方・考え方〜』農文協　2005
岩崎政利・関戸　勇著『つくる、たべる、昔野菜』新潮社　2007
岩瀬　徹・大野啓一共著『写真で見る植物用語』全国農村教育協会　2004
井上頼数著『蔬菜採種ハンドブック』養賢堂　1967
『国際種子検査規程』農林水産省種苗管理センター　1991
松崎敏英著『土と堆肥と有機物』家の光協会　1992
西　貞夫編著『野菜のはなし Ⅰ』技報堂出版　1988
中村俊一郎著『農林種子学総論』養賢堂　1985
プロジェクト「たねとり物語」著『にっぽんたねとりハンドブック』現代書館　2006
篠原捨喜著『日本の野菜採種技術、各論Ⅰ（英文）』篠原農業技術士事務所　1984
篠原捨喜著『日本の野菜採種技術、各論Ⅱ（英文）』篠原農業技術士事務所　1989
そ菜種子生産研究会編『野菜の採種技術』誠文堂新光社　1987
『植物防疫講座第2版　病害編』（財）日本植物防疫協会　1990
土橋　豊著『ビジュアル園芸・植物用語事典』家の光協会　1999
タキイ種苗出版部編『都道府県別地方野菜大全』農文協　2002
野菜園芸大事典編集委員会編『野菜園芸大事典』養賢堂　1977
『野菜品種名鑑』（平成10年版）日本種苗協会　1998

◆採種野菜名さくいん（五十音順）

・M E M O・

広島県農業ジーンバンク

1989年12月、地域戦略作物や新品種開発のための育種素材である植物遺伝資源を収集、保存管理することを目的に広島県が施設を設置、発足。保存している植物遺伝資源およびその情報を試験研究機関、大学、育種家などに育種材料として提供するとともに、地域特産物育成のための材料として県農業技術指導所を通じて栽培者に配布している。　＊2023年3月をもって廃止

ニガウリの種子と果実(採種用)

●

デザイン――寺田有恒、ビレッジ・ハウス
イラストレーション――楢　喜八
撮影――蜂谷秀人、船越建明
撮影協力――渡辺寛之
取材協力――山根成人、岡本洋子、林　重孝
写真協力――広島県農業ジーンバンク(船越建明)
ひょうごの在来種保存会(山根成人、山本博一、田中康夫、小林　保、柳田隆雄、北本恵一、黒田八郎)
熊谷　正、丹野清志、福田　俊　ほか
校正――霞　四郎

著者プロフィール

●船越建明（ふなこし たつあき）

1936年、山口県生まれ。九州大学農学部卒業後、広島県に就職、農業試験場でいも類、野菜の試験研究および普及員の養成に従事。1997年、広島県を退職後、広島県農業ジーンバンクで農作物種子の管理に従事。2003年10月から、広島県森林整備・農業振興財団の嘱託（農業ジーンバンク担当）を務め、種子の収集、増殖、特性調査、保存、普及などを担う。生産者団体、市民団体などから野菜の自家採種についての講演、および技術指導などの要請が多い。

野菜《やさい》の種《たね》はこうして採《と》ろう

2008年4月22日　第1刷発行
2025年5月9日　第9刷発行

著　　者——船越建明《ふなこしたつあき》

発 行 者——相場博也

発 行 所——株式会社 創森社
〒162-0805 東京都新宿区矢来町96-4
TEL 03-5228-2270　FAX 03-5228-2410
https://www.soshinsha-pub.com
振替 00160-7-770406

組　　版——有限会社 天龍社

印刷製本——中央精版印刷株式会社

©Tatsuaki Funakoshi 2008　Printed in Japan　ISBN978-4-88340-218-2 C0061

〝食・農・環境・社会一般〟の本

創森社 〒162-0805 東京都新宿区矢来町96-4
TEL 03-5228-2270 FAX 03-5228-2410
https://www.soshinsha-pub.com
＊表示の本体価格に消費税が加わります

ミミズと土と有機農業 中村好男 著 Ａ５判１２８頁１６００円

薪割り礼讃 深澤 光 著 Ａ５判２１６頁２３８１円

すぐにできるオイル缶炭やき術 溝口秀士 著 Ａ５判１１２頁１２３８円

病と闘う食事 境野米子 著 Ａ５判２２４頁１７１４円

焚き火大全 吉長成恭・関根秀樹・中川重年 編 Ａ５判３５６頁２８００円

玄米食 完全マニュアル 境野米子 著 Ａ５判９６頁１３３３円

手づくり石窯ＢＯＯＫ 中川重年 編 Ａ５判１５２頁１５００円

豆屋さんの豆料理 長谷部美野子 著 Ａ５判１１２頁１３００円

すぐにできるドラム缶炭やき術 杉浦銀治・広若剛士 監修 Ａ５判１３２頁１３００円

竹炭・竹酢液 つくり方生かし方 杉浦銀治ほか監修 Ａ５判２４４頁１８００円

竹垣デザイン実例集 古河 功 著 Ａ４変型判１６０頁３８００円

毎日おいしい 無発酵の雑穀パン 木幡 恵 著 Ａ５判１１２頁１４００円

竹・笹のある庭～観賞と植栽～ 柴田昌三 著 Ａ４変型判１６０頁３８００円

自然栽培ひとすじに 木村秋則 著 Ａ５判１６４頁１６００円

育てて楽しむ ブルーベリー12か月 玉田孝人・福田 俊 著 Ａ５判９６頁１３００円

炭・木竹酢液の用語事典 谷田貝光克 監修 木質炭化学会 編 Ａ５判３８４頁４０００円

園芸福祉入門 日本園芸福祉普及協会 編 Ａ５判２２８頁１５２４円

割り箸が地域と地球を救う 佐藤敬一・鹿住貴之 著 Ａ５判９６頁１０００円

育てて楽しむ 雑穀 栽培・加工・利用 郷田和夫 著 Ａ５判１２０頁１４００円

育てて楽しむ ユズ・柑橘 栽培・利用加工 音井 格 著 Ａ５判９６頁１４００円

石窯づくり 早わかり 須藤 章 著 Ａ５判１０８頁１４００円

ブドウの根域制限栽培 今井俊治 著 Ｂ５判８０頁２４００円

農に人あり志あり 岸 康彦 編 Ａ５判３４４頁２２００円

現代に生かす竹資源 内村悦三 監修 Ａ５判２２０頁２０００円

はじめよう！自然農業 趙漢珪 監修 姫野祐子 編 Ａ５判２６８頁１８００円

農の技術を拓く 西尾敏彦 著 四六判２８８頁１６００円

東京シルエット 成田一徹 著 四六判２６４頁１６００円

生きもの豊かな自然耕 岩澤信夫 著 四六判２１２頁１５００円

自然農の野菜づくり 川口由一 監修 高橋浩昭 著 Ａ５判２３６頁１９０５円

菜の花エコ事典～ナタネの育て方・生かし方～ 藤井絢子 編著 Ａ５判１９６頁１６００円

パーマカルチャー～自給自立の農的暮らしに～ パーマカルチャー・センター・ジャパン 編 Ｂ５変型判２８０頁２６００円

巣箱づくりから自然保護へ 飯田知彦 著 Ａ５判２７６頁１８００円

病と闘うジュース 境野米子 著 Ａ５判８８頁１２００円

農家レストランの繁盛指南 高桑 隆 著 Ａ５判２００頁１８００円

ミミズのはたらき 中村好男 編著 Ａ５判１４４頁１６００円

野菜の種はこうして採ろう 船越建明 著 Ａ５判１９６頁１５００円

いのちの種を未来に 野口 勲 著 Ａ５判１８８頁１５００円

里山創生～神奈川・横浜の挑戦～ 佐土原 聡 他編 Ａ５判２６０頁１９０５円

移動できて使いやすい 薪窯づくり指南 深澤 光 編著 Ａ５判１４８頁１５００円

固定種野菜の種と育て方 野口 勲・関野幸生 著 Ａ５判２２０頁１８００円

原発廃止で世代責任を果たす 篠原 孝 著 四六判３２０頁１６００円

市民皆農～食と農のこれまで・これから～ 山下惣一・中島 正 著 四六判２８０頁１６００円